Sonja Auras

Ich bin Ärztin und HIV-positiv

D1856287

HERDER / SPEKTRUM
Band 4280

Das Buch

Es konnte einfach nicht sein: Privat war sie keinem Risiko ausgesetzt; im Krankenhaus trug sie beim Blutabnehmen immer Handschuhe. So trifft sie die Laboranalyse ihres Blutes völlig unerwartet: HIV-positiv. Ihr ganzes Leben wird in Frage gestellt, die berufliche Zukunft als Ärztin, ihre Partnerschaft mit ihrem irakischen Ehemann Jamal wird schweren Prüfungen ausgesetzt. Ein Versteckspiel nach außen beginnt, aber im Inneren und in der Beziehung zu ihrem Mann setzt eine Entwicklung ein, die letztlich zu einem tiefen Vertrautwerden mit Tod und Sterben, aber auch zu einer neuen Deutung der Krankheit führt.

Daneben ist die Erzählung ein authentischer und dramatischer Bericht zu einem „heißen" und verdrängten Thema. Es stellt sich heraus: Sie hat sich ihre Infektion in der Klinik zugezogen. Die Fragen werden brennend: Wie sicher ist die Medizin? Wie blind sind die Ärzte, die sich weigern, sich testen zu lassen? Welche Risikofaktoren entstehen für die Allgemeinheit?

Als die junge Ärztin einen Antrag auf Berufskrankheit stellt, verbünden sich mächtige Interessengruppen gegen sie. Doch sie lernt ihren Weg zu gehen und findet schließlich in der Arbeit mit AIDS-Kranken eine erfüllende Aufgabe.

Ein hochbrisantes Thema und ein bewegendes Schicksal.

Spannend, informativ und einfühlsam deckt dieses Buch Hintergründe einer Krankheit auf, die uns alle angeht.

Die Autorin

Sonja Auras ist ein Pseudonym. Die Autorin ist Dr. med. und arbeitet mit AIDS-Patienten. Orte und Namen wurden aus Gründen des Datenschutzes geändert.

Sonja Auras

Ich bin Ärztin und HIV-positiv

Eine junge Frau kämpft gegen Ausgrenzung und mächtige Interessen

Herder
Freiburg · Basel · Wien

Originalausgabe

Alle Rechte vorbehalten – Printed in Germany
© 1994 Verlag Herder Freiburg im Breisgau 1994
Herstellung: Freiburger Graphische Betriebe 1994
Umschlaggestaltung: Joseph Pölzelbauer
Umschlagbild: Hartmut Schwarzbach/argus Bildarchiv
ISBN 3-451-04280-0

Inhalt

Vorwort

Als ich dieses Buch zu schreiben begann, wußte die Öffentlichkeit noch nichts von dem Skandal um die HIV-belasteten Blutkonserven. Inzwischen ist ein Teil der Wahrheit ans Licht gekommen.

Zuerst wurde von den Verantwortlichen noch alles abgestritten. Doch AIDS betrifft nicht nur Randgruppen. Wirtschaftliche Profitinteressen erweisen sich als ein entscheidender Faktor bei der Ausbreitung von HIV. Unser Medizinbetrieb verdient an HIV doppelt, zuerst an der Produktion von HIV-Infektionen durch kontaminierte Blutprodukte und dann am Verkauf von Medikamenten, die diese Krankheit verhindern sollen.

Diese Krankheitsfabrik erlebe ich als Ärztin am eigenen Körper. Habgier und Machtgier treibt diese Maschinerie an.

Am Beispiel des tödlichen Blutgeschäftes wird deutlich, woran es unserem Gesundheitssystem fehlt. Ich hoffe, daß wir als Genossen dieser Zeit diese Krankheit als Chance nutzen, ihre Botschaft verstehen und einen heilsamen Weg finden.

Ich möchte in diesem Buch niemanden persönlich anklagen oder beschuldigen, denn direkt und indirekt sind wir alle betroffen. Wer bisher an dieser Krankheit verdient hat, verdient jetzt nicht Haß, sondern Verzeihung und die Gelegenheit, sich von dieser Schuld zu befreien.

Ermutigen möchte ich deshalb jene zur Wahrhaftigkeit. Das Dilemma zu leugnen hilft nicht weiter und treibt nur zu neuen Lügen an, um den Schein der Unschuld zu wahren.

Die Medienwelle über den Transfusionsskandal hat erneut Angst und Mißtrauen herangeschwemmt, Panik aufgerührt. Wie sollen wir, in panische Ängste verstrickt, die Gefahren klar erkennen und nach einem vernünftigen Ausweg suchen?

Angst und Panik geben dem Virus den geeigneten Boden, ein hoffnungsloser Kampf gegen die Krankheit. Innere Gelassenheit läßt die übergeordneten Zusammenhänge klar erkennen.

Ich vertraue auf die positive Kraft, die in uns allen schlummert, die helfen kann, dieses Schicksal unserer Zeit in eine Chance umzuwandeln.

1. Die Prüfung vor dem Examen

Am Abend vor der mündlichen Prüfung des zweiten medizinischen Staatsexamens rief ich meine Hausärztin an. Sie hatte mir einen Brief geschickt, in dem sie mich bat, mich umgehend bei ihr zu melden. Unglücklicherweise war dieser Brief an die Adresse meiner Eltern gegangen und dort einige Tage ungeöffnet liegengeblieben. Mein Mann Jamal und ich hielten uns nur für die Zeit des Examens vorübergehend bei einem Freund in Hamburg auf und hatten unsere Koffer schon für die Weiterreise nach Frankfurt gepackt. Ich war erstaunt, als mein Vater mir am Telefon den Brief vorlas, denn ich hatte, nachdem dieser Brief verfaßt worden war, die Sprechstundenhilfe nach meinen Laborwerten gefragt, und alles war in Ordnung gewesen.

„Sie haben mir einen Brief geschickt, daß ich mich bei Ihnen melden sollte." In meiner Stimme schwang ein leichter Vorwurfston, da ich mich erst kürzlich an ihre Sprechstundenhilfe gewandt hatte. „Ja. Aber das kann ich Ihnen am Telefon nicht erklären. Dazu müssen Sie schon zu mir in die Praxis kommen", druckste meine Hausärztin verlegen. Das war mir ganz neu an ihr. Sie war sonst immer so sicher, selbstbewußt und unkompliziert. Ich kannte sie von der gemeinsamen Arbeit im Frühjahr auf der Station, wo ich famuliert hatte. Sie hatte in der Uniklinik Eppendorf gearbeitet, bevor sie sich dann im Sommer als Internistin niederließ.

„Wieso? Ist etwas mit den Blutwerten oder den Impfungen nicht in Ordnung, Frau Stahl?" fragte ich weiter nach. „Ich kann Ihnen am Telefon wirklich keine weitere Auskunft geben. Kommen Sie doch zu mir in die Praxis. Es ist sehr dringend. Am besten gleich."

Die Angelegenheit paßte mir momentan gar nicht in den Kram. Ich war verärgert, daß sie so geheimnisvoll tat. Wenn es noch irgend etwas Wichtiges vor unserer Reise zu besprechen gab, dann hätte sie es mir doch gleich sagen können. Da mir auch nach der Prüfung keine Zeit mehr blieb, sie aufzusuchen, und draußen vor der Telefonzelle schon jemand ungeduldig wartete, diskutierte ich nicht mehr lange, sondern setzte mich widerwillig ins Auto und fuhr zu ihr.

Jamal und ich hatten sie eigentlich nur wegen eines Check-ups und der Impfungen vor unserer geplanten Indonesienreise aufgesucht. Außerdem wünschten wir uns Kinder und ich wollte wissen, ob ich eine Rötelnimpfung benötigte.

Während ich im Auto saß, lief mir alles Mögliche durch den Kopf, aber ich konnte mir nicht vorstellen, was vor unserer Abreise noch so wichtig sein sollte. Wir hatten alles sorgsam vorbereitet.

Bei der Hausärztin brauchte ich zum Glück diesmal nicht wie üblich zu warten. Sie rief mich sofort herein, als sie mich sah. „Setzen Sie sich." Ich setzte mich auf die Kante des Stuhls, sprungbereit, um gleich wieder gehen zu können. „Wissen Sie, warum ich Sie einbestellt habe?" fragte sie mich eindringlich. „Ich bin selbst sehr verwundert. Was kann denn so schlimm sein, daß Sie es mir am Telefon nicht sagen können?"

„Sie ahnen wirklich nichts?" bohrte sie weiter. „Nein", antwortete ich ehrlich.

„Sie sind HIV-positiv", sagte sie mir direkt ins Gesicht und blickte in meine Augen, um meine Reaktion abzuwarten.

Dieser kurze Satz schnitt in mich ein wie ein Messer und betäubte zunächst alle meine Gefühle. Das hätte ich nie erwartet. Ich hatte total vergessen, daß ich mich nebenbei auch auf HIV hatte testen lassen, und bei der Sprechstundenhilfe hatte ich nicht nach dem HIV-Test gefragt, als sie mir die Laborwerte vorlas. So war mir überhaupt nicht aufgefallen, daß dieses Ergebnis fehlte.

Ich hatte mich bloß testen lassen, um Jamal zu beruhigen, denn er litt öfters unter der Angst, daß ich mich in der Klinik bei der

Arbeit anstecken könnte. Frau Dr. Stahl und ich lachten ihn aus, als er von seiner Furcht berichtete. Ich hatte allerdings auch ein wenig Sorge, daß er, ebenso wie sein Freund Tom, an einer AIDS-Phobie litt. Tom kannten inzwischen schon die meisten praktischen Ärzte und Internisten der Stadt, weil er jede Woche zum Arzt ging. Er glaubte, er sei krank und keiner der Ärzte würde ihm die Wahrheit sagen. Er hatte eine panische Angst, sich mit dem Virus zu infizieren, obwohl er keiner Risikogruppe angehörte. Vor einiger Zeit sagte er zu Jamal, daß er Angst habe, mit ihm zusammenzusein, weil ich im Krankenhaus arbeite und dadurch Jamal anstecken könnte und er sich wiederum bei Jamal infizieren könnte.

Jamal hatte Angst, seit er gehört hatte, daß ich bei meiner Arbeit auch eine HIV-positive Familie betreute. Ich war überzeugt, daß man sich bei der Krankenhaustätigkeit nicht anstecken könne, wenn man die üblichen Vorsichtsmaßnahmen berücksichtigt.

Immer noch durchbohrte mich der prüfende Blick von Frau Stahl. Inzwischen hatte ich ganz auf dem Stuhl Platz genommen.

„Das kann nicht sein", widersprach ich mit fester Stimme.

„Ich habe es durch den Westernblot [1] bestätigen lassen", bekräftigte sie.

„Trotzdem kann das nicht sein. Ich war privat keinem Risiko ausgesetzt. Befürchten Sie jetzt etwa auch wie mein Mann, daß man sich bei der Arbeit anstecken kann?" stutzte ich weiter.

„Ich kann Ihnen nur das Ergebnis der Blutproben mitteilen. Die Bestätigung durch den Westernblot ist sehr sicher." Ihre Augen schweiften über den schon leergeräumten Schreibtisch. „Wo soll ich es denn her haben?" wandte ich mit schwächer werdender Stimme ein.

„Das kann ich Ihnen auch nicht sagen. Denken Sie einmal darüber nach. Zur Sicherheit möchte ich allerdings nochmals Blut ab-

---

[1] Western-Blot = spezifischer Test zum Nachweis von HIV-Antikörpern, der durchgeführt wird, falls der übliche ELISA-Test (siehe S. 100) positiv ausfällt, da letzterer auch falsch positiv sein kann.

nehmen, um eine Verwechslung auszuschließen. Allerdings dauert es zwei Wochen, bis ich das Ergebnis habe."

„In zwei Wochen bin ich schon nicht mehr hier, weil wir für nächste Woche unseren Flug nach Indonesien gebucht haben. Ganz gleich, wie sicher die Bestätigung durch den Westernblot ist, ich glaube fest daran, daß der Test diesmal negativ ausfällt. Es kann einfach nicht sein. Ich war nie einem Risiko ausgesetzt. Kann ich Sie telefonisch erreichen, wenn das Ergebnis da ist?" Sie gab mir ihre Privatnummer und wir vereinbarten einen Termin, wann ich sie wieder anrufen sollte.

Früher hatte sie immer gelächelt, wenn ich beim Blutabnehmen Handschuhe angezogen hatte, doch diesmal benützte sie selbst welche. „Haben Sie privat wirklich keine Möglichkeit gehabt, sich anzustecken?" „Nein." Sie wurde nachdenklich.

„Haben Sie sich vielleicht doch irgendwie bei der Afrikanerin angesteckt?" fragte sie mit krausgezogener Stirn. Während unserer gemeinsamen Arbeit hatten wir bei einer Patientin eine HIV-Infektion diagnostiziert. „Ich hatte damals zwar ein paar Wochen später einen grippalen Infekt, der durchaus eine Primärinfektion hätte sein können, aber ich glaube nicht, daß sie die Überträgerin war. Ich war bei ihr immer besonders vorsichtig. Mir war erst später bekannt geworden, daß sie positiv war, doch geahnt hatte ich es schon von Anfang an."

„Ich kann mir auch nicht vorstellen, daß Sie sich bei der Arbeit angesteckt haben sollen. Als Ihr Mann mir von seiner Angst erzählt hat, habe ich nur gelacht. Aber schließen Sie die Ansteckung auf anderem Wege wirklich ganz aus?" Ich war mir meiner Sache sicher. „Ich glaube nicht an das Testergebnis. Es kann einfach nicht sein."

„Ich will es für Sie hoffen. Im übrigen ist es auch für mich unglaublich, daß Sie positiv sind, obwohl die Fehlerquellen bei diesem Test sehr gering sind."

Als ich aus der Praxis hinausging, schien mir alles wie ein böser Traum. Auf dem Rückweg versuchte ich mir Jamals Reaktion auszumalen. Eigentlich hatte ich ihm nur demonstrieren wollen, daß er mit seinen Befürchtungen gegenüber meiner Arbeit im Krankenhaus Unrecht hatte. Wie sollte ich ihm nun diese Nachricht beibringen? Als ich in der Wohnung unseres Freundes ankam, bei dem wir zur Zeit übernachteten, war ich froh, daß unser Freund nicht da war. Ungestört konnte ich mit Jamal reden.

Er war verärgert, daß ich erst jetzt kam. „Warum hat es so lange gedauert, um deine Ergebnisse abzuholen? Bei deiner Freundin mußt du immer so lange warten." In dieser Stimmung erschien es mir fast unmöglich, mit ihm zu reden.

„Wo ist Ahmed?" fragte ich. „Er ist in die Kneipe gegangen und kommt erst spät wieder. Er hatte extra für uns gekocht und du kamst nicht", antwortete er unwirsch.

„Jamal, ich bin froh, daß er nicht da ist. Ich muß dir etwas Trauriges mitteilen, was vielleicht unser ganzes Leben verändern wird, wenn es stimmt." Ich blickte in sein verärgertes, ahnungsloses Gesicht. Genauso hatte ich im Gespräch mit meiner Ärztin reagiert.

„Was ist denn los?" fragte er. „Der HIV-Test, ... er war positiv." Ich spürte, wie die Tränen in mir hochkamen.

„Das habe ich mir gleich gedacht, daß du dich irgendwann im Krankenhaus ansteckst. Du bist immer so unvorsichtig. Bestimmt bist du die erste, der das passiert ist." Ich konnte ihm nicht antworten, denn ich brach in lautes Weinen aus, welches ich nicht mehr kontrollieren konnte. Schuldgefühle machten sich in mir breit; hoffentlich hatte ich ihn nicht angesteckt.

„Deine Unvorsichtigkeit bringt uns noch um." Auch Jamal war plötzlich den Tränen nahe, doch er unterdrückte sie. „Wer weiß, vielleicht hast du es dir auch schon viel früher geholt, von deinen Freunden, mit denen du vor mir zusammen warst." Dieser Vorwurf traf mich tief. Jamal wußte, daß ich vorher wenig sexuelle Kontakte zu andern Männern gehabt hatte. Keinen Augenblick lang hatte ich selbst erwogen, daß er mich angesteckt haben konnte.

Noch immer blieb ich stumm. Das hatte mir die Sprache verschlagen.

Jamal schwankte zwischen Wut, Zweifel und Trauer. „Ich kann

es einfach nicht glauben. Du und HIV-positiv. Der Test stimmt nicht. Ich vertraue euch Ärzten allen nicht mehr."

Ich spürte, wie meine Stimme wiederkam. „Sie haben die Proben doppelt kontrolliert. Ich kann es ebensowenig glauben wie du. Frau Stahl hat heute nochmal Blut abgenommen. In zwei Wochen bekommt sie das Ergebnis. Aber bei der Arbeit besteht praktisch keine Ansteckungsgefahr. Außerdem habe ich beim Blutabnehmen immer Handschuhe getragen und war sehr vorsichtig. Du weißt selbst, daß wir seit 1984 zusammen sind. Wenn ich mich schon vorher infiziert hätte, dann hätten wir inzwischen sicher etwas bemerkt." Ich konnte nicht mehr weiterreden. Tränen schnürten mir den Hals zu.

„Ich begreife es nicht. Es muß eine Verwechslung oder ein Testfehler sein. Ich bin mir sicher, daß es nicht wahr ist." Diese letzten Worte trösteten mich irgendwie. Es war am einfachsten, es zu leugnen, einfach zu verdrängen. Ich ging ins Bad, um mir die Tränen abzuwaschen. In diesem Moment klingelte es und Ahmed kam unerwartet früh zurück. Schnell verschwand ich unter die Dusche, damit er mir nichts anmerken konnte. Jamal fiel es sehr schwer, sich nun mit Ahmed zu unterhalten. Sie setzten sich vor den Fernseher. Auf diese Weise konnte er dem Gespräch entfliehen. Meine Prüfung am nächsten Tag diente mir als willkommene Ausrede, mich hinter meinen Büchern zu verkriechen. Ich konzentrierte meine Gedanken auf den bevorstehenden Tag, und es gelang mir tatsächlich, mich in den Lernstoff zu vertiefen. Mechanisch lernte ich aus einem Buch über Krankenhaushygiene und Maßnahmen der Infektionsverhütung, daß HIV unter Einhaltung der üblichen Hygienevorschriften nicht auf Krankenhauspersonal übertragen wird. Ich las über diese Zeilen, als beträfe mich das zuvor Gehörte überhaupt nicht.

Als ich am nächsten Tag die Prüfung antrat, wirkte ich ruhig und ausgeglichen. Ich hatte mir die ganze Nacht gesagt, daß alles nicht wahr sein konnte, und glaubte inzwischen fast selbst daran, daß der Test negativ war. Während die anderen sich wegen der Prüfung aufregten, war sie für mich zu solch einer Nebensache geschrumpft, daß ich mich darüber nicht mehr aufregen konnte. Es gelang mir tatsächlich, die anderen mit Scherzen aufzumuntern. Im Innern war ich froh, meine Gedanken jetzt auf das Examen konzentrieren zu müssen. Mir machte es am Morgen sogar richtig Spaß, den Patienten zu untersuchen. Die Stunden der Prüfung vergingen für mich wie im Flug. Es war, als sei jegliche Nervosität von mir gewichen. Während wir in der Bibliothek saßen und einen Bericht über unsere Patienten abfassen sollten, sprach ich sogar noch mit zwei Kollegen deren Patienten durch. Sie waren erstaunt, woher ich diese Ruhe nahm.

Wenn ihr wüßtet woher, dachte ich bei mir. Während des Prüfungsgesprächs verlief alles viel besser, als ich es mir vorher je erhofft hatte. In den letzten beiden Wochen vor der Prüfung hatte ich Angst gehabt, weil die Fächer, in denen unsere Gruppe geprüft wurde, mir überhaupt nicht lagen. Außerdem waren vorher schon einige in dieser Prüfung durchgefallen, von denen ich es nicht erwartet hätte. Doch nach dem Schock von gestern stellte die Examensprüfung für mich nichts Bedrohliches mehr dar. Niemand konnte mir anmerken, warum. Es blieb mein Geheimnis. Doch nach der Prüfung konnte ich mich über das gute Ergebnis nicht so freuen, wie ich es sonst getan hätte. Das Examen hatte an Bedeutung für mich verloren. Jamal und ich hatten keine Lust, uns mit den anderen zum Feiern zu treffen.

2. End-Lösung

Statt der Feier kamen die verdrängten Probleme wieder auf uns zu. Wir hatten ein Urlaubssemester geplant. Unser Flug nach Indonesien war fest gebucht und ließ sich nicht mehr verschieben. Wir hatten für das nächste halbe Jahr weder eine Wohnung in Deutschland noch ein Ziel, auf das wir zusteuerten. Nach dem Urlaubssemester wollte ich die Universität wechseln, um mit Jamal am gleichen Ort zu studieren. Jamal, der zuvor lange Zeit in Hamburg gelebt hatte, hatte vor einem Jahr begonnen, in Frankfurt Publizistik zu studieren. Im letzten halben Jahr pendelten wir von einer fremden Wohnung in die andere, gerade dahin, wo jemand für ein paar Wochen im Urlaub war. Während des Semesters wohnten wir beide in Frankfurt, doch in den Ferien zog es uns nach Hamburg zu unseren Freunden. Wir waren im Prinzip ohne festen Wohnsitz. Wie sollte es nun weitergehen?

Jamal wollte zunächst den Flug aufgeben und das Ergebnis abwarten. „Ich möchte erst sicher sein, daß das Ergebnis nicht stimmt. Falls es doch wahr sein sollte, muß ich noch einmal darüber nachdenken."

Doch ich war dagegen. „Was ändert sich an dem Ergebnis, ob wir es hier oder dort erfahren. Außerdem: Würdest du nicht fliegen, wenn ich wirklich positiv sein sollte?"

„Ich weiß es nicht." antwortete Jamal und kauerte in sich zusammengesunken in einer Ecke. „Für mich hat alles keinen Sinn mehr."

„Gerade wenn ich wirklich positiv bin, möchte ich lieber nicht in Deutschland sein und mir in der Distanz von meiner gewohnten Umgebung über die Konsequenzen Gedanken machen", argumentierte ich.

„Du tust gerade so, als ob du daran glaubst, daß du positiv bist", wandte Jamal ein.

„Nein. Ich bin überzeugt, daß das alles nicht wahr ist. Deshalb möchte ich den Flug auch nicht verschieben."

Jamal ließ sich von mir überreden. Es blieben uns nur noch wenige Tage vor unserem Abflug, an denen wir viel zu erledigen hatten. Ich mußte mich in Hamburg exmatrikulieren und an der neuen Universität in Frankfurt einschreiben. Außerdem erfuhr ich, daß es unwahrscheinlich war, daß ich einen Platz für das Praktische Jahr in einem Frankfurter Krankenhaus bekommen würde, da der Andrang groß war und viele Studenten in die umliegenden Städte geschickt wurden. Die Suche nach einer Wohnung stand auch noch an. Diese organisatorischen Notwendigkeiten, die in den wenigen Tagen zu erledigen waren, lenkten unsere Gedanken von unserem eigentlichen Problem ab, bis der Abflug bevorstand.

Zunächst flogen wir in den Irak, wo wir drei Wochen bleiben wollten, um Jamals Familie zu besuchen. Auch dort war inzwischen AIDS ein Thema. Unbedarft fragte ein Cousin mich als angehende Ärztin darüber aus. „Was ist eigentlich diese Krankheit AIDS? In der Zeitung habe ich gelesen, daß AIDS sich in Amerika und Afrika überall durch die Homosexuellen ausbreitet und eine Gefahr für die ganze Menschheit darstellt. Im Irak soll es angeblich noch niemanden geben, der diese Krankheit hat. Ich habe gehört, daß die Regierung die Todesstrafe für AIDS-Infizierte einführen möchte, um die Krankheit auch in Zukunft aus dem Land fernzuhalten." Ich wurde ganz blaß. Der Cousin merkte mir nichts an. Ich erklärte ihm sachlich den Unterschied zwischen AIDS und der HIV-Infektion und daß es nicht nur über Homosexuelle verbreitet wird.

„Bestimmt gibt es hier inzwischen auch Menschen, die HIV-positiv sind. Aber die Regierung streitet es nur ab, um die Menschen zu beruhigen. Es ist außerdem keine Lösung, diese Menschen umzubringen. Viel wichtiger ist es, daß sich jeder einzelne vor einer Infektion schützt."

„Aber wie bekommt man denn AIDS?"

„Das HIV-Virus, welches AIDS verursacht, wird durch Sexualverkehr und über Blut übertragen." Er wurde nachdenklich. „Dann hat unsere Regierung doch recht. Die Amerikaner machen sich mit ihrer Kultur alle gegenseitig kaputt. Wenn ein HIV-Infizierter umgebracht wird, dann kann er nicht die anderen anstekken."

3. Schuld durch Liebe?

Einen Tag nach diesem Gespräch waren die zwei Wochen vorbei, die es dauern sollte, bis das zweite Testergebnis vorlag. Wir gingen zum Hauptpostamt in Bagdad, um unsere Hausärztin anzurufen. Ich vergesse nie die Telefonkabine, in der ich die Nachricht erfuhr.

„Leider war die zweite Probe auch positiv", teilte mir Frau Stahl mit.

„Ist es wirklich sicher?" fragte ich nochmals. „Ja. Es tut mir sehr leid für Sie. Aber Sie können froh sein. Ich habe gelesen, daß die Überlebenschancen für Frauen bedeutend besser sind. Teilweise leben sie bis zu fünfzehn Jahren mit dem Virus."

„Ja, und mein Mann?"

„Tja, ich kann leider auch nichts für Sie beide tun." Wut stieg in mir auf und schnell beendete ich das Gespräch. Was nutzte es mir, vielleicht noch fünfzehn Jahre zu leben, wenn ich meinen Geliebten umgebracht hatte. Mühsam versuchte ich, die Tränen im Hauptpostamt zu unterdrücken. Jamal und mir blieb zunächst nur wenig Zeit, uns zu unterhalten. Wir standen in der Schlange, um die Telefonrechnung zu bezahlen.

„Wieder positiv", sagte ich nur zu Jamal. Wieder verschlug es mir die Stimme. „Ich kann es trotzdem noch nicht glauben. Ich glaube an keine Tests mehr", entgegnete Jamal.

Ich kam mir vor wie in einem schlechten Traum. Plötzlich fühlte ich mich wie in einem unwirklichen Trancezustand und mir wurde schwindelig. Erst als ich an der Reihe war, um an der Kasse zu bezahlen, kam ich wieder zu Bewußtsein.

„Doch. Jetzt glaube ich es", sagte ich zu Jamal. Er war bestürzt.

Wir konnten einander in diesem Augenblick nicht in die Augen sehen. Wieder dachte ich an seine anfänglichen Vorwürfe, daß ich bei der Arbeit unvorsichtig gewesen war. Ich fühlte mich schuldig.

„Du machst unser ganzes Leben kaputt!" warf mir Jamal vor. Was sollte ich ihm darauf antworten? Ich schwieg betreten.

„Was hat die Ärztin noch gesagt?" fragte er weiter. Schließlich erzählte ich ihm von dem Unterschied der Lebenserwartung von Männern und Frauen. „Bestimmt habe ich es auch", meinte Jamal.

Da konnte ich die Tränen nicht mehr unterdrücken. Als wir vor dem Haus der Tante ankamen, mußten wir einen Augenblick warten, damit man mir das verheulte Gesicht nicht anmerkte. Abends im Bett unterhielten wir uns weiter.

„Bei mir in der Familie darf das nie jemand erfahren", meinte Jamal. „Die wissen nicht, was das bedeutet, und wenn es eines der Kindern erfährt und in der Schule herumerzählt, dann werden wir vielleicht eines Tages alle umgebracht." Nach dem, was wir gestern gehört hatten, konnte es bedrohlich werden, wenn jemand Außenstehendes davon erfuhr.

Auf mir lastete zusätzlich der Gedanke, daß mir meine europäische Herkunft zum Vorwurf gemacht werden könnte. Auf diese Weise würde wieder das Vorurteil der Untreue der westlichen Frauen geschürt werden.

„Bestimmt habe ich dich infiziert. Wir haben so oft miteinander geschlafen, als du dieses Ekzem hattest mit den vielen offenen Stellen. Vielleicht denken sie auch, daß ich dir untreu war. Sie werden mir dann vorwerfen, daß ich dich umgebracht habe. Denkst du eigentlich noch immer, daß ich fremdgegangen sein könnte?"

„Nein. Am Anfang habe ich daran gedacht, aber jetzt nicht mehr. Ich kann mir überhaupt nicht vorstellen, daß du wirklich positiv bist. Ich kann es noch immer nicht begreifen. Der Test muß ein Irrtum sein."

„Nein. Jetzt halte ich das Ergebnis nicht mehr für einen Irrtum. Du bist bestimmt auch infiziert, durch mich, weil ich nicht aufgepaßt habe. Und deine Überlebenschancen sind schlechter als meine, wenn die Prognose von Frau Stahl stimmt."

„Ich habe dir schon immer gesagt, daß du mit allem zu leichtsinnig bist. Meine Angst hast du nie ernst genommen, wenn du im Krankenhaus mit HIV-Positiven gearbeitet hast." Ich spürte seinen Zorn, doch ich blieb stumm.

„Aber weißt du was, ich bin ganz froh darum, wenn ich früher sterbe als du. Ich könnte dich nämlich nicht sterben sehen", gestand mir Jamal.

Ich war heute traurig, als ich erfuhr, daß die Überlebenschancen für Frauen angeblich besser sein sollen. Auch ich konnte den Gedanken nicht ertragen, nach Jamal zu sterben, und ihn sterben zu sehen, noch dazu mit dem Gefühl, seinen Tod verschuldet zu haben. Obwohl ich schon so viele Menschen hatte sterben sehen, fand ich es viel schwieriger, zurückzubleiben als zuerst zu sterben. In der Schule hatte ich mich einmal mit einem Freund gestritten, der behauptete, daß die Trauer um einen Angehörigen, der stirbt, reiner Egoismus sei. Aber an dem, was er sagte, war etwas daran. Er hat den Gedanken radikalisiert, doch ein Stück Egoismus bei einem Trauernden läßt sich nicht abstreiten.

„Du mußt mir nur eines versprechen", bat mich Jamal. „Bring meine Leiche, wenn ich tot bin, zurück in meine Heimat. Ich möchte nie in Deutschland begraben werden." Seine Stimme war ganz weich geworden. Ich spürte, wie sehr er an seiner Heimat hing.

„Weißt du, ich liebe dich und will dich nicht verlieren", erklärte Jamal verzweifelt.

„Wir müssen lernen, von allem, auch voneinander, loslassen zu können. Das gehört auch zur Kunst des Liebens", bemerkte ich. Es war der Punkt, den ich meiner Mutter immer vorgeworfen hatte und den ich jetzt für uns beide als zentrale Erfahrung wiedererkannte.

Beziehungen zwischen Menschen stehen nie still, sondern sind einem ständigen Wandel unterworfen. Sie entstehen, verändern sich und lösen sich auch, um Platz für Neues zu schaffen. Anstatt sich vor dem Ende eines gemeinsamen Weges zu fürchten und sich ängstlich aneinander zu klammern, sollten wir die Veränderungen annehmen und dementsprechend handeln.

Wir hielten uns eng umschlungen. Jamal zweifelte immer noch an den Testergebnissen. Ich selbst konnte die Nachricht inzwischen nicht mehr verdrängen, und schwere Schuldgefühle plagten mich.

„Sollen wir in Zukunft nicht lieber Kondome benutzen?" fragte ich Jamal. „Nein. Wieso? Falls du wirklich infiziert bist, dann habe ich es inzwischen auch. Außerdem ist es mir lieber, auch infiziert zu sein."

„Sag bitte nie mehr so etwas. Du weißt nicht, wie mich der Gedanke quält. Ich bin mir fast sicher, daß ich dich inzwischen längst angesteckt habe, so wie du immer geblutet hast."

„Es hat sowieso keinen Zweck. Nach dem, was wir gestern gehört haben, kann ich mich im Irak nie testen lassen. Ich schäme mich auch, hier irgendwo Kondome zu kaufen. Ich glaube, die sind zur Zeit sowieso verboten."

Mir wurde wieder deutlich, wie sehr Geschlechtskrankheiten und Verhütungsmittel für Jamal durch seine Erziehung ein Tabuthema waren.

Nach allem, was die Medien über die Risiken von sexuellem Kontakt als Hauptansteckungsgefahr berichtet hatten, mußte Jamal längst positiv sein. Wenn die Wahrscheinlichkeit angeblich so klein war, sich beruflich anzustecken [1] und ich das geschafft hatte, dann war es für Jamal jetzt zu spät. Also verzichteten wir ganz auf Kondome.

---

[1] Bei einer Nadel- oder Schnittverletzung beträgt das Infektionsrisiko für HIV nach Angaben der Behörde für Arbeit, Gesundheit und Soziales 1990 etwa 1:200.

Obwohl in Jamals Familie zu dieser Zeit sehr viele Probleme herrschten, konnten sie mich alle nicht so stark berühren, denn was uns betraf, war viel tiefer gehend. Die familiären Schwierigkeiten ließen sich mit Geld lösen. Wir halfen, wo wir nur konnten, denn jetzt ging es uns noch gut. Vielleicht würden wir in Zukunft nicht mehr solche Möglichkeiten haben. Keiner in der Familie schien zu bemerken, was unsere Herzen bewegte. Als ich gefragt wurde, warum wir noch keine Kinder hätten, war ich zutiefst in meinem Innern getroffen. „Es ist noch zu früh. Wir wollen noch keine Kinder", antwortete Jamal und ich war ihm sehr dankbar für diese Notlüge, die mir selbst sehr schwer gefallen wäre. In meinem Innern hatte ich mir nichts sehnlicher gewünscht als ein Kind von Jamal. Ich war sehr traurig, als ich die vielen Kinder in der Familie sah. Unser Traum von einer großen Familie war durch meine Schuld zerstört worden.

Eines Morgens zuckte ich zusammen, als meine Schwägerin von ihren Träumen in der letzten Nacht erzählte. „Letzte Nacht hatte ich einen furchtbaren Traum. Ich habe von dieser neuen Krankheit AIDS geträumt. Plötzlich hatten wir alle AIDS. Es war ganz furchtbar."

Nie hatten Jamal und ich vor ihr ein Wort von AIDS fallen gelassen. Sie las keine Zeitung und auch im Radio oder Fernsehen waren in den letzten Tagen keine Nachrichten oder Berichte über AIDS gekommen, die sie gehört haben konnte. Mir war unbegreiflich, wie sie einen solchen Traum haben konnte. Ein Schauer lief mir über den Rücken. Ich spürte, wie das Blut aus meinem Gesicht wich und verzog mich heimlich auf die Toilette, damit mir keiner etwas anmerken konnte.

In den nächsten Tagen litt ich unter Berührungsängsten. Der Traum meiner Schwägerin hatte meine Phantasie angeregt. Ich wußte nicht, wie ich mich selbst infiziert hatte. Ich verlor das Vertrauen in die medizinische Literatur. Schließlich gehörte ich keiner der dort genannten und beschriebenen Risikogruppen an und hatte mir dennoch dieses Virus irgendwie eingefangen. Es konnte also genausogut sein, daß die Ansteckungsgefahren weitaus größer waren, als allgemein zugegeben wurde. Schließlich waren einige Fälle von AIDS auch schon länger bekannt, bis es durch die Medien publik gemacht wurde. Es könnte ja möglich sein, daß eine Ansteckung auch durch intensiven Hautkontakt über Schweiß und Speichel möglich ist, dachte ich mir. Fortan traute ich mich nicht mehr, die Kinder zu küssen und verhielt mich abweisend, wenn sie engen Hautkontakt zu mir suchten.

Als wir wieder in Bagdad waren, besorgte ich mir die neueste medizinische Literatur. In meinen bisherigen Büchern schien es, als ob AIDS und HIV noch ein Tabu wären. An der Universität waren, außer in Pathologie, kaum Vorlesungen dazu abgehalten worden und für die Examina zählte es noch kaum zum Lernstoff.

Als ich erfahren hatte, daß ich positiv bin, stellte sich bei mir zunächst eine Blockade ein, über AIDS zu lesen. Inzwischen hatte sich das geändert und ich stürzte mich auf die neuesten Wälzer der Inneren Medizin aus den USA. In zwei Werken las ich von der fehlenden Therapiemöglichkeit und der großen Gefahr der Übertragung durch Geschlechtsverkehr. Außerdem beschrieben beide eine Letalitätsrate von annähernd 100 Prozent bei AIDS-Symptomatik. Kritiklos nahm ich alles hin. Es bedeutete also, daß Jamal und ich in den nächsten Jahren mit großer Wahrscheinlichkeit an AIDS sterben würden. Mit HIV infiziert zu sein, bedeutete nicht gleich AIDS, aber es schien mir ein fast unweigerlicher Übergang. Irgendwann würde es uns treffen. Der Tod lauert auf jeden, doch in uns schläft ein Virus, welches in der Lage ist, unsere körpereigene Abwehr zu zerstören. Unsere Liebe war todbringend.

4. Abstand

Ich hielt das Versteckspiel vor der Familie nicht mehr länger aus und zählte die Tage bis zu unserem Weiterflug nach Indonesien. Außerdem gab es für Jamal und mich dort die Möglichkeit, uns ungestört testen zu lassen, um wirklich Gewißheit zu erhalten. Während ich den Abstand und die Ablenkung von unseren Problemen suchte, erlitt Jamal einen Kulturschock, als wir dort ankamen. Die fremden Menschenmassen und das Elend der Bevölkerung rissen seine Stimmung noch tiefer hinunter. Wir fuhren zunächst an den Strand, um in unseren Gedanken zur Ruhe zu kommen. Die Idylle von Sonne und Meer, Sand und Palmen konnte uns allerdings nicht aufheitern. An Jamal nagte die Angst und an mir die Schuldgefühle. Es begann in unserer Beziehung zu kriseln. Wir benötigten beide das Alleinsein und die Distanz. Eigentlich wollte ich ein Tagebuch führen, doch meine Gefühle lähmten mich. Ich suchte die Stille. Während ich am weißen Sandstrand saß, kamen meine Gedanken zum Schweigen. Nachdem ich Stunden im Schatten eines Felsens in der Einsamkeit verbracht hatte, schrieb ich einen Brief an Jamal, den ich zunächst für mich verwahrte.

Lieber Jamal,

ich kann während dieser Reise nicht einmal Tagebuch führen.

Jeder Tag wird überschattet von dem Gefühl tiefer Schuld und der Liebe zu Dir.

Ich bin dein Tod.

Wie konnte dies geschehen, trotz aller Vorsicht im Krankenhaus?

Du glaubst mir nicht, daß ich achtsam war.

Was soll ich Dir sagen?

Es kommt ein Weg, den nun jeder für sich alleine gehen muß, und ich habe meinen Prinzen auf den Pfad des Todes geführt.

Ich fürchte mich nicht.

Doch wie kann ich Dir die Angst nehmen? Wie der Familie?

Der Tod gehört zum Leben.

Er ist des Lebens größtes, einzigartiges Fest zusammen mit der Geburt.

Hier schließt sich der Kreis der zeitlichen Existenz und wir gehen über in eine Existenz, in der die Zeit keine Rolle spielt. Unser Körper wird zermahlen zu Erde und irgendwann wird er verbacken zu einem Stein. Wie der Stein, unter dessen Schatten ich jetzt sitze. Das Rauschen des Meeres flüstert mir zu von der Ewigkeit, seit der der Wind weht, und ich sehe in den flüchtigen Wald, die Schmetterlinge, die seltenen Vögel, die Palmen und die gewundenen Äste der tropischen Bäume.

Warum kann ich mit dir nicht über den Tod offen reden?

Warum schämst du dich vor dir selbst?

Leben geht auf den Tod zu.

Darum genieße jeden Tag und lebe ihn so, daß du abends sagen kannst, heute ist ein schöner Tag zum Sterben.

Die Indianer nennen dies Hokahey.

Sind wir uns in den vier Jahren nicht näher gekommen?

Ich fühle mich eins mit Dir, habe mich Dir ganz geöffnet, brenne mit deiner Angst, will sie dir löschen, doch du weist mich ab, verschließt Dich vor mir, frißt das Feuer der Angst in Dich hinein und deine Seele verbrennt einsam, ohne Licht zu spenden.

Wie schön könnte diese Reise sein, wenn wir diese Hülle fallen ließen. Ich habe nicht das Recht, deinen Schleier zu lüften und Dich anzutasten.

Ich muß Dich so respektieren.

Aber du, zwing mich nicht in den Schleier.

Ich gehe meinen Weg offen und frei und habe den Weg zum Ziel. Darum ist für mich diese Reise wertvoll.

Ich habe Dir einmal die kleine Fabel von Franz Kafka erzählt.

„Ach", sagte die Maus, „die Welt wird enger mit jedem Tag. Zuerst war sie so breit, daß ich Angst hatte, ich lief weiter und war glücklich, daß ich endlich rechts und links in der Ferne Mauern sah, aber diese langen Mauern eilen so schnell aufeinander zu, daß ich schon im letzten Zimmer bin, und dort im Winkel steht die Falle, in die ich laufe." – „Du mußt nur die Laufrichtung ändern", sagte die Katze und fraß sie.

Mit Jamal konnte ich nicht über die Themen HIV und AIDS reden. In ihm war eine Sperre. Er wollte sich mir nicht öffnen, weil ich selbst betroffen war. Für mich entstand auf diese Weise eine große Distanz. Ich fühlte mich ohnmächtig, diesen Abstand zu überwinden, ja wollte auch seinen Wunsch nach Abgrenzung respektieren. Jamal hatte sich in seine eigenen Mauern aus Angst und Scham zurückgezogen.

Er schien in einer scheinbar ausweglosen Situation gefangen, in dieser Angst vor der eigenen inneren Freiheit. Es gibt keinen Weg, an dem Tod vorbeizulaufen, auch wenn wir die Laufrichtung ändern. Es kommt darauf an, wie wir diesen Weg gehen und wie wir uns in diesem letzten Zimmer und dem letzten Winkel einrichten. Wir können ängstlich hin und her gehen und in die Falle laufen, oder unsere Freiheit innerhalb dieser Mauern gestalten. So wird uns dieser Lebensraum immer vertrauter, je enger die Mauern aufeinander zugehen und anstatt auf den Rat der Katze zu hören, kann die Maus in innerer Ruhe und Gelassenheit sich ihren eigenen Ausweg suchen. Sie vermag dann sogar Mauern zu durchdringen und neue Nischen zu bauen.

Zur Zeit aber rannte Jamal noch unruhig innerhalb der Mauern aus Angst hin und her. Auf diese Weise war es uns in den ersten Wochen nicht möglich, einen Arzt aufzusuchen, damit wir uns nochmals testen lassen konnten.

5. Rückblick

Auch ich zog mich mehr und mehr in mich selbst und meine eigenen Schuldgefühle zurück. Während ich im wohltuenden Schatten der Palmen fernab in Indonesien saß und mich der Ausflug in die Tropensonne vor der Winterkälte in Deutschland bewahrte, hielt ich einen Rückblick in die Vergangenheit.

Erst in dieser entspannenden Atmosphäre fiel mir ein wichtiges Detail ein: vor zweieinhalb Jahren war ich das letzte Mal zur Blutspende. Damals mußte mein Blut also schon auf HIV untersucht worden sein. Wenn ich zu diesem Zeitpunkt schon positiv gewesen wäre, dann hätte die Ärztin mir das bestimmt mitgeteilt, zumal ich sie vom Studium her kannte und mit ihr im gleichen Wohnheim gelebt hatte. Somit schied für mich der Kontakt zu meinem letzten Freund vor Jamal auf jeden Fall aus, weil es vor fünf Jahren war. Auch die Vorstellung, daß Jamal fremdgegangen sein konnte, wollte ich nicht ernsthaft gelten lassen.

Meine zahnärztlichen Eingriffe lagen weit zurück und sonst war ich nie krank gewesen.

Es kam somit nur noch die Arbeit als mögliche Infektionsquelle in Betracht. Im Lehrbuch hatte ich gelesen, daß bisher keiner der Pflegenden, die AIDS-Patienten über Jahre betreut hatten, sich je infiziert hatte. Wohl waren Fälle von Nadelstichverletzungen mit HIV-positivem Blut bekannt geworden, die zu einer nachweislichen Virusübertragung geführt hatten.

Rückblickend konnte ich mich selbst nicht daran erinnern, daß ich mich jemals an einer benutzten Nadel verletzt hatte. Während meiner Famulatur in der Chirurgie allerdings hatte mich der Chefarzt bei einer Bauchoperation einmal in den Finger geschnitten. Er war ein großer Choleriker und ausgerechnet an diesem Tag in Hochform. Deshalb hatte ich es nicht gewagt, etwas von der Schnittverletzung zu erwähnen und hatte den Fall auch nicht gemeldet. Krampfhaft versuchte ich mich an den Patienten zu erinnern. Es war ein Mann gewesen, dessen war ich mir sicher, und es wurde, soweit ich mich richtig erinnere, seine Gallenblase entfernt. Doch das war alles, was mir wieder einfiel.

Wieder erinnerte ich mich an den Frühling dieses Jahres, als ich an einem langwierigen Infekt litt, bei dem alle Lymphknoten an meinem Hals angeschwollen waren. Drei Wochen hatte es gedauert. Alle Knochen taten weh. Ich war müde gewesen, hatte Fieber gehabt, Halsschmerzen und danach eine schwere Bronchitis. Dennoch schien das Ganze nur eine banale Grippe zu sein, die sich allein deswegen als so hartnäckig erwies, weil ich so vielen Belastungen ausgesetzt war.

Es war auch genau die Zeit, während der ich eine Patientin aus Zaire betreute, die wegen einer rätselhaften Vergrößerung von Leber und Milz zu uns auf die Station kam.

Sie sprach kein Wort Deutsch. Da ich fließend Französisch sprach, entwickelte sie zu mir ein besonderes Vertrauensverhältnis.

Zusätzlich zu den Routineuntersuchungen ließ ich bei ihr einen HIV-Test durchführen. Schon bei der körperlichen Untersuchung hegte ich den Verdacht, als ich ihre vergrößerten Lymphknoten tastete. Beim Blutabnehmen trug ich sowieso prinzipiell Handschuhe, aber bei ihr zog ich mir dann sogar für die weitere körperliche Untersuchung Handschuhe an.

Mein Verdacht hatte sich damals bestätigt. Ich bat Frau Stahl, ihr das Ergebnis mitzuteilen, doch sie meinte: „Sie kennen die Patientin viel besser und können auch direkt mit ihr reden. Ich finde es sinnvoll, wenn Sie es ihr mitteilen."

Zum ersten Mal in meinem Leben befand ich mich in der Situation, eine junge Familie über ein derartig schweres Schicksal aufzuklären. Ich hatte zuvor schon Patienten die Diagnose Krebs mitteilen müssen, doch Krebs war nicht ansteckend. Hinter HIV verbarg sich eine ganz andere gesellschaftliche und soziale Dimension.

Frau Muktus Mann hielt sich schon seit fünf Jahren überwiegend in Europa auf und hatte sie nur gelegentlich in Zaire besucht. Sie hatten eine vierjährige Tochter. Als ich in ihr Zimmer trat, war gerade ihr Mann mit der Tochter Timono zu Besuch. Eigentlich hätte ich lieber alleine mit ihr gesprochen, aber der Mann fragte mich sogleich, ob wir endlich herausgefunden hätten, was mit seiner Frau los sei. In diesem Moment konnte ich ihn schlecht hinausbitten. Er hatte sowieso ein Recht, über die Diagnose informiert zu werden.

Dennoch nahm ich einen Anlauf. „Können Sie mich bitte einen Augenblick mit Ihrer Frau alleine lassen? Ich muß eine Untersuchung durchführen", bat ich ihn. „Ich möchte lieber, daß mein Mann dabei bleibt. Wir haben keine Geheimnisse voreinander", entgegnete Frau Muktu. „Es ist aber eine intime Untersuchung", versuchte ich es nochmals. „Nein. Ich fühle mich wohler, wenn er dabei ist", beharrte sie.

„Wenn Sie das möchten, dann frage ich die Schwestern, ob sie kurz auf Timono aufpassen können", lenkte ich nochmals ein. Wenigstens dieses Angebot nahmen sie an. Sie hatten wohl geahnt, daß es sich nicht um eine einfache Untersuchung handelte. Ich setzte mich zu ihr ans Bett. „Wir haben bei den Blutuntersuchungen etwas herausgefunden, was vielleicht, aber nicht unbedingt mit Ihrer jetzigen Krankheit zusammenhängt."

„Was ist es? Ich will es wissen." Sie richtete sich in ihrem Bett auf, und Herr Muktu sprang von seinem Stuhl auf. Ich bat ihn ruhig, wieder Platz zu nehmen. „Haben Sie in Ihrem Leben schon einmal eine Bluttransfusion erhalten?" fragte ich zunächst zögernd.

Frau Muktu sah mich verblüfft an. „Nein. Nie. Ich war bisher nie im Krankenhaus. Auch nicht bei der Geburt." Herr Muktu schien zu ahnen, worauf ich hinzielte. Aufgeregt stand er wieder auf und begann durch das Zimmer zu gehen wie ein Tiger im Käfig.

„Wir haben in Ihrem Blut das HIV-Virus nachgewiesen", gestand ich ihnen ganz direkt.

Frau Muktu war anzusehen, daß sie mit dem Begriff HIV-Virus nichts anzufangen wußte.

„Heißt das, sie hat AIDS?" fragte mich Herr Muktu. Seine Stimme wurde laut und bebend. Als das Wort AIDS fiel, begann Frau Muktu etwas zu begreifen.

„Nein. HIV-infiziert zu sein bedeutet nicht AIDS. Das dürfen Sie nicht verwechseln. Sie trägt nur das Virus in ihrem Blut. Es kann sein, daß sie ...", weiter kam ich nicht mehr, denn meine Erklärung wurde von dem jähen Aufschrei von Frau Muktu unterbrochen. Sie warf sich mir um den Hals, ich spürte ihre Tränen, die mir heiß an meinem Hals herunterliefen.

In meiner Umarmung begann sie leiser zu schluchzen. Schließlich riß sie sich von mir los und rannte barfuß durch den Raum, um sich auf ihren Mann zu stürzen. Sie trommelte wie wild mit den Fäusten auf ihn ein. „Du hast mich getötet. Du hast mich getötet. Du hast auch unser Kind getötet. Du bist an allem schuld. Du hast uns beide getötet."

Herr Muktu blieb wie angewurzelt stehen. Schweigend ließ er sie mit den Fäusten auf sich einschlagen. Als er in seiner Hilflosigkeit den Arm um sie legen wollte, wehrte sie ihn ab und rannte in ihrem dünnen Nachthemd auf den Stationsflur, um ihre Tochter zu suchen. Tränenüberströmt stürzte sie auf Timono zu, kniete sich auf den Boden und warf sich ihr um den Hals, wie sie sich zuvor an mich geklammert hatte.

„Er hat uns getötet. Er hat uns getötet. Dein Vater hat uns alle getötet", stieß sie immer wieder hervor. Timono versuchte, sich aus der Umklammerung ihrer Mutter zu lösen und begann ebenfalls zu weinen. Tränen liefen über ihr hübsches Gesicht, doch ihr leises Schluchzen wurde übertönt von den Schreien der Mutter.

Schließlich ließ Frau Muktu ihre Tochter los. Timono lief sofort zu ihrem Vater und suchte Schutz. Frau Muktu flüchtete sich ins Bad und schloß die Tür hinter sich ab.

Im Flur war eine große Versammlung entstanden. Schweigend und mit betroffenen Gesichtern standen Schwestern, Pfleger, Patienten und Ärzte auf dem Gang. Ich versuchte, Herrn Muktu und Timono ins Zimmer zu bewegen.

So sehr ich damals versuchte, mich in ihre Lage hineinzuversetzten, die ganze Tragweite dieser Nachricht blieb mir verschlossen.

Herrn Muktu standen die Tränen in den Augen. „Ich bin an allem schuld", sagte er zu mir. „Als ich alleine in Belgien war, habe ich oft mit anderen Frauen geschlafen. Nun habe ich die Quittung dafür. Ich habe es nicht besser verdient. Wie lange haben wir noch zu leben? Ich weiß, AIDS ist unheilbar."

„Sie waren alleine in einem fremden Land. Ich kann es verstehen, wenn Sie in dieser langen Zeit nicht immer treu waren. Es ist sehr schwer, sich längere Zeit irgendwo als Ausländer zu befinden. Ich habe das selbst erlebt, wie einsam man sich in einer solchen Situation fühlen kann. Wichtig ist, daß Sie sich klar machen, daß Ihre Frau jetzt nicht gleich AIDS hat. Ihre jetzige Krankheit muß nicht unbedingt etwas mit dem Virus zu tun haben. Es ist ein großer Unterschied zwischen HIV und AIDS. Es kann sein, daß sie nie AIDS bekommt. Bis es zu einer Schwächung des Immunsystems kommt, können viele Jahre vergehen. Vielleicht wird bis dahin ein Mittel gefunden, welches die Krankheit heilen kann. Noch fühlen Sie sich gesund. Statt sich jetzt Vorwürfe zu machen, ist es wichtiger, daß Sie die Zeit, die Ihnen bleibt, nutzen, um zu leben. Ich habe nicht gesagt, daß Ihre Frau AIDS hat. Sie ist HIV-positiv. Das Virus befindet sich in ihrem Blut. Wir sollten Sie und Timono jetzt auch untersuchen. Wahrscheinlich ist Timono noch negativ, da sich die Krankheit bei normalem familiären Kontakt nicht überträgt."

Er schwieg. Ich blieb einfach bei ihm sitzen, und es trat Stille ein. Seine Tränen trockneten und sein Atem wurde ruhiger. Er hielt seine Hände gefaltet und rieb sie gegeneinander, als wenn er sie waschen würde. Ich spürte, wie tief er sich schuldig fühlte. Irgendwann wird ihm seine Frau verzeihen, dachte ich mir. Wir blickten beide auf, als wir die zaghafte Bewegung und das leise Knarren der Türklinke vernahmen, die langsam heruntergedrückt wurde. Frau Muktu betrat das Zimmer und ging, den Blick von uns beiden abgewandt, auf ihr Bett zu. Sie zog die Decke über ihre Beine und saß aufrecht, den Blick starr aus dem Fenster gerichtet.

„Sie können jederzeit nach mir fragen, wenn Sie mit mir reden möchten", sagte ich und entfernte mich leise aus dem Zimmer. Als ich noch einmal kurz von der Tür aus zurückblickte, verharrten die beiden noch immer in der gleichen Stellung, er mit Blick auf den Boden und sie aus dem Fenster starrend, schweigend.

Ich seufzte tief und sank im Stationszimmer auf einen Stuhl. Timono saß am großen runden Tisch und malte mit Buntstiften.

Während dieser Zeit waren die eigenen Sorgen vergessen. Sie kamen erst wieder auf, als ich abends alleine in der Wohnung war.

6. Sehnsucht nach dem Flammentod

Abends in der Wohnung quälten mich wieder die Gedanken um Jamal und seine Familie. Er war vor einigen Wochen in den Irak geflogen, um seine Familie zu besuchen. Noch am gleichen Tag war ganz unerwartet der jahrelang schwelende Kriegszustand zwischen Irak und Iran plötzlich zum hellen Wahnsinn eskaliert. Wenn Jamal heil angekommen wäre, hätte er mir eine Nachricht gegeben. In panischer Angst verfolgte ich das Geschehen über Radio und Fernsehen.

Die Nachrichten meldeten die nüchternen Zahlen der Angriffe. Am Bildschirm konnte ich erkennen, daß ausgerechnet das Viertel, in dem Jamals Familie lebte, bombardiert wurde. Ganze Wohnblöcke waren zu Staub zerfallen, die Sirenen heulten, dunkler Rauch lag über der Stadt.

Ich selbst war ebenso am Boden zerstört. Hatte ich nun den Tod von Jamal und seiner Familie am Bildschirm verfolgt? Einsam saß ich in unserer gemeinsamen Wohnung und starrte auf das Telefon, über das keine Verbindung möglich war.

Ich wünschte mir, anstelle von Jamal zu sein. Ich wollte an seiner Stelle sterben in diesem sinnlosen Krieg. Ein Leben ohne ihn schien mir in diesem Augenblick nicht lebenswert. Dann wäre ich lieber an seiner Stelle gestorben, statt seinen Tod ertragen zu müssen.

Lieber wäre ich mit ihm gemeinsam in diesen Flammen ungekommen, statt ohne ihn weiterzuleben. Um diese brennende Todessehnsucht zu betäuben, versuchte ich mich in die Leiden anderer hineinzuversetzen. Durch die Arbeit im Krankenhaus und die dortigen Begegnungen mit dem Tod konnte ich für eine Weile mich selbst vergessen. Nur abends, wenn ich alleine zu Hause saß, gab es kein Entfliehen.

An jenem Abend nach dem Gespräch mit den Muktus hatte ich das Gefühl, als sei alles Unheil der Welt auf einmal über unsere Zeit hereingebrochen. Krieg und Seuchen.

Novails[1] hatte diese Stimmung sehr schön in Hymnen an die Nacht beschrieben:

Hinüber wall ich,
Und jede Pein
Wird einst ein Stachel
Der Wollust sein.
Noch wenig Zeiten,
So bin ich los,
Und liege trunken
Der Lieb' im Schoß.
Unendliches Leben
Wogt mächtig in mir
Ich schaue von oben
Herunter nach dir.
An jenem Hügel
Verlischt dein Glanz –
Ein Schatten bringet
Den kühlenden Kranz.
O! sauge Geliebter,
Gewaltig mich an,
Daß ich entschlummern
Und lieben kann.
Ich fühle des Todes
Verjüngende Flut,
Zu Balsam und Aether

---

[1] Novalis Gedichte, Hymnen an die Nacht, Insel Verlag 1987, S. 17.

Verwandelt mein Blut –
Ich lebe bei Tage
Voll Glauben und Mut
Und sterbe die Nächte
In heiliger Glut.

Tagsüber versuchte ich gegen diese stumme Gewalt Widerstand zu leisten und tobte mich aus. Doch nachts, in meinem Träumen war Jamal unter den Bomben begraben und ich erkrankte an AIDS.

7. HIV-Empfänger

Am nächsten Tag wurde Frau Muktu auf die Infektionsstation verlegt. Sie hatte sich wieder mit ihrem Mann versöhnt.

Da sie wegen der Sprachbarriere nicht so leicht mit jemanden über ihre Probleme reden konnten, gab ich ihnen ausnahmsweise meine Privatnummer.

In jenen Wochen arbeitete ich auch zusätzlich weiter als Nachtwache in der Krankenpflege auf der Hämatologie, der Fachstation für Bluterkrankungen.

Seit Beginn meines Studiums war ich dort tätig. Ich mußte zusätzlich jobben, um das Studium finanzieren zu können, und hatte durch diese Stelle einen Weg gefunden, das Studium sinnvoll mit der Arbeit zu verbinden. Gerade im Umgang mit Schwerkranken und Sterbenden lernte ich die wesentlichen Grundlagen für meinen Beruf, die nicht an der Universität und über Lehrbücher vermittelt werden konnten.

Zusätzlich zu der vollen Arbeitswoche während der Famulatur, den langen abendlichen Telefonaten mit den Muktus und den ganzen Sorgen um Jamal und seine Familie gingen mir die Nachtwachen in jener Zeit allerdings ziemlich an die Substanz. Obwohl ich total überarbeitet war, fiel es mir schwer, kurzfristig abzusagen. Ich wußte, daß es kaum möglich war, während der Semesterferien Ersatz zu finden.

Ausgerechnet in jenen Nächten war auf der Station die Hölle los. Es gab mehrere Patienten gleichzeitig, die im Sterben lagen. Einige von ihnen waren sogar in meinem Alter und jünger. Ich hatte sie über die letzte Zeit sehr gut kennengelernt und begleitete sie nun während ihres Sterbens.

Durch diese geballte Trauer, die mich umgab, fühlte ich mich vollkommen übermüdet und ausgelaugt. Während dieser Zeit zog ich mir besonders häufig Schnittverletzungen zu. Achtlos sägte ich an den Glasampullen, die man damals leider noch mit Ampullensägen anritzen mußte, so daß beim Aufbrechen sich leicht kleine Glassplitter am Zeigefinger festsetzten.

Zu meiner Müdigkeit kam hinzu, daß besonders in jenen Nachtwachen viele Infusionen zu richten waren und häufig Komplikationen bei Patienten eintraten. Manchmal hatte ich entgegen meiner sonstigen Gewohnheit in diesen Nächten die Schnittwunden nur notdürftig oder noch gar nicht versorgt, während ich mit Bluttransfusionen oder verstopften Venenkathetern umging. Meine Gedanken waren woanders, ein kleiner blutiger Ritz am Finger war eine Bagatelle für mich angesichts der Todesopfer im Golfkrieg, des Sterbens auf der Station und des bewegenden Schicksals der Muktus.

In dieser Situation war mir das eigentlich alles egal. Mir war zu diesem Zeitpunkt nicht bewußt, daß ich mich selbst dabei in Gefahr brachte. Ich war an meinen Grenzen angelangt. Unbewußt hatte ich mir selbst sogar etwas wie eine HIV-Infektion herbeigewünscht. Ich war in diesem Moment nicht geistesgegenwärtig. Ich spielte unbewußt mit dem Feuer, setzte meine Hände ungeschützt Blut und Blutprodukten aus. Die moderne Form des Flammentodes.

Im Rückblick sehe ich jetzt die vermeintliche Grippe, die genau drei Wochen nach jenen Horrornachtwachen eintrat, in einem ganz anderen Zusammenhang. Bevor ich von meiner HIV-Infektion erfuhr, führte ich alle Anzeichen von Schwäche einfach auf den Streß zurück, dem ich ausgesetzt war. Nachdem sich die äußere Situation entspannte, begannen meine Lymphknoten anzuschwellen. Ich hatte mich mit der Erklärung zufriedengegeben, daß nach großen Belastungen in der Ruhephase Krankheiten auftraten, die vorher unterdrückt wurden, und maß den warnenden Symptomen keine weitere Bedeutung bei.

8. Loslassen

Ich erinnerte mich auch an das Wochenende, an dem ich frei hatte und aus Angst vor dem Alleinsein mit meinen eigenen Sorgen um Jamal, seine Familie, den Golfkrieg und um die Muktus und die AIDS-Epidemie in die heile Welt meiner Eltern flüchtete.

Bei Kaffee und Kuchen am weiß gedeckten Tisch kamen wir oberflächlich auf die finsteren Themen zu sprechen, die mich in meinem Innern bewegten.

Wir sprachen über den Golfkrieg, wie meine Eltern ihn am Fernseher erlebten. Sie konnten nicht nachvollziehen, was mich in meinem Innern bewegte und wie sehr ich bangte, Jamal zu verlieren. Für sie gehörte er nicht zur Familie. Nur mit Widerwillen hatten sie ihn geduldet. Meiner Mutter war es sehr schwergefallen, mich loszulassen, als ich aus dem Elternhaus auszog. Als ich dann Jamal kennenlernte, war er es in ihren Augen, der mich ihr weggenommen hatte. Da sie ihn als Ausländer nicht akzeptierte, war sogar der Kontakt zwischen uns zeitweise ganz abgebrochen.

Meine Mutter lenkte auf ein neues Thema um. „Hast du bei deiner Arbeit auch mit AIDS-Patienten zu tun? Ich mache mir immer Gedanken, daß du dich bei der Arbeit anstecken kannst. Das ist doch gefährlich, wenn man mit solchen Menschen zu tun hat."

Sie konnte mich nicht loslassen und wollte mich nicht durch Ausländer oder AIDS verlieren. Die Fessel ihrer Liebe trieb mich in die Flucht. Je mehr sie versuchte, mich an sich zu binden, um so mehr zog es mich von ihr fort. Ich dachte an Jamal und wäre in diesem Augenblick lieber an seiner Seite gewesen, als alleine an diesem Kaffeetisch mit meinen Eltern. Ich fühlte mich schwach und konnte meine Mutter in diesem Moment nicht ertragen. Zudem fand ich ihre Befürchtung, ich könne mich bei AIDS-Patienten anstecken, lächerlich. Ich hielt meiner Mutter einen Vortrag über das, was ich aus der Fachliteratur über die Ansteckungsgefahren für Krankenhauspersonal gelesen hatte.

Damals hatte ich die Risiken besserwisserisch abgetan. Im nachhinein leuchtete es mir ein, daß meine Mutter schon seit meiner Kindheit solche scheinbar unbegründeten Befürchtungen vom Stapel gelassen hatte, die sich prompt erfüllten.

Während jenes Gesprächs beim Sonntagskaffee hatte ich mich so weit von ihren negativen Prophezeiungen distanziert, daß ich meine Mutter in dieser Beziehung nur noch bedauerte. Ihr Leben lang hatte ihre pessimistische Weltsicht den befürchteten Ausgang eines Konflikts oder eines Problems angezogen, und so litt sie unter großer Unzufriedenheit.

An jenem Wochenende besuchte ich auch Martin, den ich schon seit meiner Schulzeit kannte. Er war wie ein älterer Bruder, dem ich bisher viel von meinen Gefühlen anvertraut hatte. Damals erzählte ich ihm und seiner Frau Petra von meinen Sorgen um Jamal und seine Familie. Daraufhin berichtete mir Petra von einem zentralen Thema, mit dem sie sich in der letzten Zeit sehr viel beschäftigte, von der Bedeutung des Loslassens, loslassen zu lernen auf allen Ebenen, auch in Beziehungen.

Ich hatte das Gefühl, daß sie damit den Nagel auf den Kopf getroffen hatte. Es war mir leicht gefallen, das Problem bei meiner Mutter zu erkennen, weil ich mich selbst in einer ähnlichen Situation befand.

Ich konnte den Gedanken nicht ertragen, Jamal loslassen zu müssen. Deshalb litt ich so sehr unter dem Krieg, der sein Leben bedrohte. Es war nicht die Angst um ihn und seine Familie, die Angst vor dem Krieg, was mich so sehr berührte, sondern mein Egoismus. Ich wollte mich nicht von ihm trennen. Lieber wäre ich selbst gestorben, statt ihn zu verlieren. Dadurch hatte ich den Blick für das Wesentliche, das Loslassenlernen, verloren.

Es kam ganz auf meine Einstellung an. Wenn ich bereit war,

mich von allem, auch von Jamal, zu trennen, dann konnte ich jede Situation in meinem Leben annehmen und umwandeln. Es kam darauf an, diesen Verlust zu akzeptieren. Das Wiedererkennen dieses zentralen Aspektes warf neues Licht auf meinen getrübten Lebenswillen.

Wir sprachen auch über AIDS und ich erwähnte, daß ich eine HIV-positive Patientin betreute. Martin erinnerte daran, daß jede Krankheit ihren Sinn hat und daß wir lernen müssen an AIDS zu wachsen.

Nach den Gesprächen mit Martin und Petra fühlte ich mich innerlich gestärkt und konnte die Situation, in der ich mich befand, wieder klar sehen. Ich beneidete nicht mehr die Menschen, die diesen Tag in der scheinbaren deutschen Sonntagsidylle verbrachten, während ich mich mit Krieg, AIDS und Tod auseinandersetzen mußte. Der Wunsch, an Stelle von Jamal zu sterben, der in den letzten Tagen in mir aufgekommen war, hatte sich umgewandelt. Ich wollte leben und an diesen Erfahrungen lernen. Meine Aufgabe war es, mein Leben so anzunehmen und an diesem Schicksal zu wachsen.

Als ich am nächsten Tag Familie Muktu auf der Infektionsstation besuchte, hatten sie sich schon innerlich mit dem Gedanken angefreundet, daß sie alle drei HIV-infiziert waren, auch das Kind. Sie warteten noch immer auf die Testergebnisse. Aber sie waren voller Mut und planten, nach Zaire zurückzukehren, um dort gemeinsam ein neues Leben aufzubauen. Herr Muktu wollte nicht mehr weiter von seiner Frau getrennt leben. Sie hofften auf ein neues Medikament, welches angeblich in Zaire neu entdeckt worden war und dem Ausbruch von AIDS vorbeugen sollte.

Am gleichen Tag rief mich Jamal vom Flughafen in Bagdad an. Er war kurz vor dem Abflug. Keinem in der Familie war etwas zugestoßen. Er befand sich auf dem Rückweg nach Deutschland. Endlich von dieser bedrückenden Last befreit, wurde ich krank. Es war eben jene vermeintliche Grippe, die zum Durchbruch kam. Mir ging es so schlecht, daß ich manchmal nicht einmal die Kraft hatte, ans Telefon zu gehen. Später erfuhr ich von der Stationsschwester, daß die Familie Muktu nach Zaire abgereist war und sich herausgestellt hatte, daß Mann und Tochter beide negativ waren. Ob Frau Muktus Erkrankung wirklich schon der Ausbruch von AIDS war, blieb offen.[1]

Der Golfkrieg beruhigte sich genau zu dem Zeitpunkt, als Jamal das Land verließ. Glücklich schlossen wir uns wieder in die Arme. Doch war mir inzwischen klar geworden, daß auch der Tod nie in der Lage gewesen wäre, unsere Liebe zu trennen. Die Liebe konnte Raum und Zeit überwinden, so daß auch ein Loslassen nur scheinbar gewesen war. Jamals Rückkehr war für mich wie ein großes Geschenk, welches ich ohne diese ganzen Ängste und Leiden nie erhalten hätte.

Ich dachte an die Menschen, denen ich mich nahe gefühlt und die ich in den Tod begleitet hatte. Ich war ihnen begegnet, und was diese Begegnung in mir bewegt hatte, existierte weiter und ließ sich auch durch den Tod nicht auslöschen. Viele dieser Begegnungen haben mich wachgerüttelt und mir die Blüten des Lebens gezeigt.

An den Tagen, an denen ich in meiner eigenen egoistischen Angst gefangen blieb, war meine Seele blind gewesen, und meine Empfindung für die Schönheit des Lebens war abgestumpft. Ich hatte mir selbst den Tod herbeigesehnt. Nun erschien wieder alles klar vor mir und in seiner Einzigartigkeit. Die Begegnungen mit den Sterbenden spiegelten sich in mir.

---

[1] AIDS wird derzeit im Allgemeinen noch nach der CDC (Centers for Disease Control)-Klassifikation definiert als das Auftreten bestimmter HIV-assoziierter Erkrankungen bei nachgewiesener HIV-Infektion.
Treten derartige Erkrankungen unabhängig von einer HIV-Infektion auf, wird beim gleichen Krankheitsbild nicht von AIDS gesprochen.
Das klinische Bild dieser Patientin ließ sich nicht ganz klar einordnen.

9. Carpe Diem

Ich lag mit geschlossenen Augen in Indonesien am Strand, spürte die warmen Sonnenstrahlen auf meiner Haut und ließ zunächst die Bilder der vergangenen Monate vor meinen Augen Revue passieren. Positiv zu sein warf ein neues Licht auf meinen gesamten Lebenslauf.

Mit sechzehn Jahren hatte ich einmal einen Traum gehabt, in dem ich meiner eigenen Beerdigung zusah. In jenem Traum war ich etwa sechsunddreißig Jahre alt, eine alleinstehende Frau, die viel von der Welt gesehen hatte. Ich hatte sogar meinen Gesichtsausdruck vor Augen, mit einem Lächeln auf den Lippen war ich gestorben. In dem Entsetzen über meinen frühen Tod hatte das jedoch keiner bemerkt. Tränen standen in den Gesichtern der Menschen, die kamen um einen letzten Blick auf mich zu werfen, während ich mich selbst im offenen Sarg liegen sah. Als mein Sarg schließlich zum Friedhof getragen wurde, befand sich mein Körper weiterhin in dem Sarg, doch plötzlich ging ich gleichzeitig ganz in weiß gekleidet mitten in meiner eigenen Beerdigungsprozession. Die traurigen Gesichter waren unerträglich. Da rief ich der Trauermenge zu, daß ich mir nie eine Beerdigung mit solchen Tränen gewünscht hatte. Auf dem Fest meines Todes sollten die Leute lachen, tanzen und singen und Tränen der Freude weinen. Viele wandten sich verstört um, und ließen ihre Blicke schweifen, um zu sehen, aus wessen Mund diese Worte stammten, aber sie konnten mich nicht erkennen. Ich lief zwar auffallend gekleidet mitten in der Menge mit, doch war ich selbst für die anderen unsichtbar. Es schien, als konnten sie mich deutlich hören, aber nicht erkennen, daß ich mitten unter ihnen war. Meine Worte verstärkten ihr Weinen. Sie ließen sich auch durch mein Bitten nicht von den Tränen der Trauer abbringen. Schließlich gab ich auf, sie zur Freude bekehren zu wollen und begann in meinem weißen Kleid um die schwarzen Gestalten herumzutanzen.

Nach diesem Traum habe ich viel über den Tod nachgedacht. Seitdem war mir bewußt, daß der Tod, dem wir uns mit jedem Atemzug nähern, uns auffordert, im Leben aufmerksam zu sein und den Augenblick zu leben. Ich nahm mir zum Ziel, zu versuchen, jeden Tag so zu leben, als sei es mein letzter Tag. Ich hatte damals in der Schule ein Referat über die Bedeutung des Todes für das Leben gehalten, aber dabei kam ich mir vor, als würden die Klassenkameraden meine Worte genausowenig verstehen, wie in jenem Traum die Menschen während der Trauerprozession auf meiner Beerdigung.

Als ich nun auf die Vergangenheit zurückblickte, war ich sehr dankbar für diesen Traum. Eigentlich hatte ich schon seit meinem sechzehnten Lebensjahr mein Leben so eingerichtet, als hätte mir jemand mitgeteilt, ich sei HIV-positiv. Oft erntete ich verständnislose Blicke, wenn mein Tag so vollgepackt war mit Plänen, als ob es keinen anderen Tag gäbe. „Morgen ist auch noch ein Tag", bekam ich oft zu hören. Ich betrachtete das Leben anders. „Heute will ich leben. Wer weiß, ob es ein Morgen gibt", sagte ich oft zu mir. Das heißt nicht, daß ich deshalb keine Pläne und Ziele für die Zukunft hatte und nur in den Tag hineinlebte. Ich hatte begonnen, mein Leben täglich zu ordnen und mir genau meine Ziele zu stecken. Ich wußte mit sechzehn, daß ich Ärztin werden wollte. Schon damals hatte ich mir vorgenommen, eine Brücke zu bauen zwischen der traditionellen Heilkunst und der modernen Schulmedizin. Ich suchte nach einer harmonischen Verbindung zwischen dem geistigen Betrachten der globalen kosmischen Zusammenhänge in der Natur und den technisch detaillierten naturwissenschaftlichen Methoden der gegenwärtigen Schulmedizin.

Nun hatte ich auf diesem Weg gerade erst das zweite Staatsexamen des Medizinstudiums absolviert und schon war durch meine Unvorsichtigkeit alles in ein anderes Licht getaucht.

10. Selbstbewußtsein

Wie sollte ich meine Ziele weiter verfolgen mit diesem Virus in meinem Blut? Die Worte von Jamals Kousin lagen in meinen Ohren. „Dann ist es doch richtig, wenn man die alle umbringt."

Wenn dieses Virus im Krankenhaus in mein Blut gelangen konnte, dann war es umgekehrt genausogut möglich, daß ich das Virus auf meine Patienten übertragen konnte. Plötzlich quälte mich der Gedanke, ob ich nicht vielleicht schon bei der Arbeit jemanden angesteckt haben konnte. Nach meiner vermeintlichen Grippe, die wahrscheinlich jene Erstmanifestation der HIV-Infektion war, hatte ich mit den Nachtwachen und der Famulatur aufgehört, da wir nach Frankfurt umgezogen waren. Somit blieben vermutlich nur wenige Wochen, in denen ich Patienten hätte gefährden können. Doch auch damit war die Angst, jemanden unwissentlich angesteckt zu haben, nicht leicht abzuschütteln.

Wie sollte ich in Zukunft meinen Weg weitergehen? Um mein Medizinstudium abzuschließen, stand mir jetzt das Praktische Jahr bevor. In dieser Zeit würde ich also eine potentielle Gefahr für die Patienten darstellen. Hatte es überhaupt Sinn, dieses Studium zu beenden? Was konnte ich jetzt noch damit anfangen? Welche Alternativen gab es sonst? Kinder zur Welt zu bringen, darauf wollte ich lieber verzichten. Entweder würden sie schon mit dem Virus geboren und lebten selbst nicht lange, oder würden früh ihre Eltern verlieren, vielleicht würden wir sogar kranke Kinder in die Welt setzen, um die wir uns selbst nicht kümmern könnten, dachte ich mir.

Ich erinnerte mich an eine Situation vor fünf Monaten. Ich fuhr im Dunkeln alleine mit dem Fahrrad einen einsamen Waldweg entlang und überlegte mir, wie ich mich wehren könnte, wenn plötzlich ein Mann aus dem Gebüsch auftauchen würde und mich vergewaltigen wollte. „Paß auf, ich bin HIV-positiv", könnte ihm doch einfach sagen, um ihn abzuschrecken. Dann würde ihm bestimmt die Lust vergehen. Aber dadurch könnte ich ihn auch provozieren, mir andersartig Gewalt anzutun oder mich sogar zu töten, dachte ich mir als nächstes. Während meiner Spekulationen, wie ein Gewalttäter wohl mit dieser Antwort umgehen würde, wußte ich nicht, daß ich in Wirklichkeit schon positiv war.

Mittlerweile kam ich mir vor wie ein gefährliches Monster. Wie konnte Jamal so mit mir weiterleben, wo unsere Liebe tödlich sein konnte? Wie konnte er sich sogar dagegen sträuben, Kondome zu benutzen?

Einerseits war ich froh, daß er trotzdem bei mir blieb und mir viel Kraft und Mut gab. Ich spürte, wie sehr er mich wirklich liebte. Doch ich empfand mich selbst als eine schwere Last für ihn. Wie konnte er mich so weiter lieben? Ich hätte es verstanden, wenn er mich verlassen hätte. Doch er blieb da.

Belastend war aber, daß er nicht über dieses Thema reden wollte. Nur einmal deutete er an, was ihn stark bewegte. „Wenn ich auch positiv bin, dann behaupten deine Eltern bestimmt, daß ich dich angesteckt habe. Besonders deine Mutter. Das ist doch klar, daß sie von mir als Ausländer gleich so etwas denkt."

Mit seinen Worte hatte er vermutlich recht. Mir wurde klar, daß er inzwischen nicht mehr alles verdrängte. In seinem Innern wühlte es, doch nach außen versuchte er sich nichts anmerken zu lassen.

Erst ein Jahr nach unserer Reise und nach diesen ganzen Überlegungen erzählte mir Jamal, was während dieser Zeit in ihm vorgegangen war. „Ich schwankte immer hin und her, ob ich es glauben sollte oder nicht. Ich plante, mein Studium aufzugeben und in den Irak zurückzukehren. Ich sah keine Zukunft mehr in unserem Leben. Die paar Jahre, die uns noch zusammen blieben, bis die Krankheit ausbricht, die wollte ich im Kreis meiner Familie verbringen. Während ich die vielen anderen Menschen am Strand sah, fragte ich mich immer, warum das ausgerechnet uns getroffen hat. Ich wünschte mir, daß alles nicht wahr wäre und einfach verschwinden würde. Auf der anderen Seite konnte ich mir nicht eingestehen, daß es so war. Nach außen war dir gar nichts anzumerken. Du sahst normal aus, wie immer. Du sahst einfach nicht krank aus. Doch wenn das alles doch stimmte, wie sollte ich in meine Heimat zurückkehren? Vielleicht würde ich dort meine ganze Familie anstecken. Die ganze Zeit über dachte ich an das Virus und ich konnte mir nicht vorstellen, daß du genauso sehr damit beschäftigt warst. Ich wollte dich nicht immer daran erinnern. In mir war eine Sperre, mit dir darüber zu reden, weil du selbst betroffen warst."

Auch wenn Jamal gewußt hätte, wie sehr ich mich nach dem offenen Gespräch mit ihm sehnte, er hätte dieses selbstaufgebaute Tabu nicht brechen können.

Schließlich verließen wir die Strandidylle und reisten durch das Landesinnere. Jamal konnte oft nichts essen, wenn er die vielen Menschen sah, die am Rande des Existenzminimums lebten. Es tat ihm weh, wenn er jemanden leiden sah. Doch in manchen Momenten hätte er mit jenen Menschen tauschen mögen, die heute nicht wußten, wovon sie morgen leben sollten. Er empfand sein eigenes Schicksal der HIV-Infektion schlimmer. Früher hätte ihn das Mitleid noch mehr geplagt.

Es gab viele Sehenswürdigkeiten unterwegs, doch Jamals Augen waren stumpf dafür. Er konnte nicht verstehen, wie ich dennoch diese Augenblicke genießen konnte und so weiterlebte wie bisher. Für ihn hatte alles seinen Glanz verloren, während ich diese Reise besonders intensiv erlebte. Es war, als hätte das Wissen um das möglicherweise todbringende Virus in meinem Körper meinen Blick noch mehr für die Schönheiten der Welt geschärft. Mir war klar geworden, daß ich mit nagenden Schuldgefühlen und Selbstanklagen nicht weiterleben konnte. Wenn ich von mir selbst das Bild eines Monsters malte, dann würde ich auch eins werden, und mit dieser Zukunftsvision konnte ich nicht leben. Die Konsequenzen daraus hätten geheißen, mein Leben aufzugeben, und damit bot ich dem Virus die beste Angriffsfläche.

Ich begann ein neues Bild meiner Zukunft zu entwerfen. In Gedanken ging ich meinen Weg weiter, nur achtsamer und wacher als zuvor. Zum Glück wußte ich, daß ich über mein Blut das Virus auf andere übertragen konnte. Dieses Wissen bedeutete vielmehr einen besonderen Schutz für die anderen als eine Gefahr. Die Erfahrungen, die ich durch den Umgang mit Schwerkranken und Sterbenden gesammelt hatte, konnte ich nun an mir selbst nachvollziehen.

Ich war dem Tod in meinem Bewußtsein näher gerückt und schwach geworden. Dieses neue Bewußtsein hatte mich zunächst gelähmt.

Doch die Fähigkeit weiterzugehen war mir erhalten geblieben. Die ersten Schritte, die als Kind ganz unbewußt erfolgten, die galt es nun bewußt zu tun, um diese Lähmung zu überwinden, um meinen Weg fortzusetzen. Warum sollte ich meine Lebensziele jetzt aufgeben? Es kam jetzt darauf an, daß ich eigene Möglichkeiten entdeckte und damit bewußt mein Leben in die Hand nahm. Die HIV-Infektion war wie eine neue Farbe, die sich in das Bild des Lebens eingemischt hatte. Doch ich selbst bin der Maler an diesem Bild und es lag in meiner Hand, wie ich mit dieser Farbe umging und welches Motiv ich damit gestaltete.

Schon mit sechzehn hatte ich erkannt, daß der Tod der Motor des Lebens sein kann, doch diese Erkenntnis nicht verinnerlicht.

Auf die Diagnose HIV-positiv hatte ich zunächst reagiert wie eine Schallplatte, die einen Kratzer abbekommen hatte und dadurch immer wieder an derselben Stelle hängenblieb.

Immer wieder stolperte ich über den gleichen Fehler und drehte mich im Kreis. Das Gefühl der Schuld hatte sich tief eingegraben.

Ich mußte mich vorsichtig aus dieser festgefahrenen Spur herausheben und neue Wege gehen. Die Vergangenheit konnte ich nicht ungeschehen machen, doch die Gestaltung meiner Zukunft lag in meiner Hand. Ich mußte aus meinen Erfahrungen ein neues Bewußtsein entwickeln, welches mich befähigte, meinen Weg weiterzugehen, die Kunst der Medizin zu lernen.

HIV (Human-Immundeficiency-Virus)-Positiv zu sein, das verborgene immunschwächende Virus in mir, war meine besondere Stärke, die mich von den Negativen unterschied. Darin steckte jene Kraft, welche mir zum Beispiel in Streßsituationen Ruhe verschaffte. Was ich zuvor scheinbar als unbetroffene Betrachterin erlebt hatte, ging mich nun selbst innerlich an. Zuvor hatte ich viele Gespräche mit Menschen geführt, die lebensbedrohlich krank waren und viele beim Sterben begleitet. Die reine Theorie wurde hautnah für mich spürbar, und nun konnte ich Krankheiten ganz anders wahrnehmen. Ich begann, das Virus in meinem Körper positiv zu sehen. Es gehörte zu mir und es war meine Aufgabe, daran zu wachsen und mich selbst mit dem mir einverleibten Virus wieder lieben zu lernen. Ich betrachtete es als eine Kunst, die in Zukunft tägliches Üben verlangte, um darin zur Meisterin zu werden. Mir kam wieder mein Traum in den Sinn, der Tod als der Motor des Lebens. Diese Erkenntnis hatte ich nun verinnerlicht. Doch es blieben die außenstehenden Betrachter meines Todes, die, blind vor Tränen, mein Lächeln nicht gesehen hatten. Aus ihrer Sicht konnten sie meine Worte nicht verstehen. Wenn ich wirklich diesen Weg gehen und mein Studium fortsetzen wollte, dann mußte ich diesen Weg ungesehen von den Außenstehenden gehen. Es war besser, mein Wissen um das Virus in meinem Körper so geheim wie möglich zu halten, um die Außenstehenden nicht zu verunsichern. Ich hatte mich selbst zuvor angeklagt und als Monster betrachtet, also konnte ich es auch keinem verdenken, ein ähnliches Bild von mir zu haben.

Ich habe mir dieses Virus selbst zugezogen und habe selbst die Konsequenzen zu tragen.

11. Wirtschaftsvektor[1]

Durch mein unvorsichtiges Handeln war aber auch Jamal betroffen. Ich sah, daß er an dieser Reise keine Freude finden konnte und nur mir zuliebe mit dabei war. Deshalb schlug ich vor, wieder ans Meer zu fahren. Jamal war sofort einverstanden.

„Vielleicht können wir uns dort nochmals testen lassen", meinte er, und ich war sehr froh, daß dieser Vorschlag von ihm kam. Geichzeitig hatte ich Angst vor dem Ergebnis.

Mir war klar, daß er auch nur positiv sein konnte.

Ich war ganz zittrig auf den Beinen, als wir ein kleines Hospital ansteuerten, welches in unserem Reiseführer empfohlen wurde. Bisher hatte ich nur mit Jamal und Frau Stahl darüber gesprochen, und es fiel mir sehr schwer, den Arzt zu fragen, ob wir uns beide testen lassen konnten.

„Wir können den Test bei uns nicht durchführen. Dazu müssen Sie schon in die Hauptstadt gehen", antwortete der Arzt. Ich war sehr erstaunt. „Aber wie testen Sie denn Ihre Blutkonserven?" fragte ich nach. „Die lassen wir alle in der Hauptstadt testen."

Enttäuscht verließen Jamal und ich das Hospital. Es hatte uns sehr viel Mut gekostet, dort hinzugehen. An jenem Abend dachte ich noch lange über die Antwort des Arztes nach. Es konnte nicht sein, daß sie alle Blutkonserven in der Hauptstadt testen ließen, denn sie war weit entfernt und der Transport hätte bei der mangelnden Infrastruktur zu lange gedauert. Vermutlich wurden die Proben überhaupt nicht überprüft. Wenn es tatsächlich so war,

---

[1] Vektor = lat. Träger, von vehere, „tragen"; gemeint ist Wirtschaft nicht als Faktor, sondern als Vektor, als Überträger der Krankheit.

dann wäre dies für die Verbreitung des Virus in Ländern der Dritten Welt katastrophal.

Wir blieben noch ein paar Tage am Strand. Jamal konnte sich so schnell nicht noch einmal aufraffen, zu einem Arzt zu gehen. Er hatte einen regelrechten Haß auf Krankenhäuser entwickelt. Nicht zuletzt, weil ich mich auch durch die Arbeit in einem Krankenhaus angesteckt hatte. Auf dem Weg nach Jakarta machten wir noch an einigen sehenswerten Orten halt, doch Jamal war unkonzentriert und verschlossen.

Innerhalb weniger Tage kamen wir in Jakarta an. Unser erstes Ziel war die Universitätsklinik. Als wir beim Gang über den Korridor die trostlosen Stationen sahen, spürte ich, daß ich in einer solchen Umgebung nicht als Ärztin hätte arbeiten können.

In den riesigen Sälen, durchzogen von Lärm, Hitze, Schmutz und Gestank, herrschte ein Menschengedränge. Ich konnte kaum Pflegepersonal und Ärzte erblicken. Die Kranken wurden von ihren Angehörigen gepflegt.

Dieser Ort schien mir eher eine Brutstätte für Krankheiten zu sein, und ich fragte mich, wie hier jemand gesund werden sollte, obwohl ich mich das bei Krankenhäusern im allgemeinen öfters schon gefragt hatte.

Ich sah das Entsetzen in Jamals Augen, der am liebsten gleich wieder auf dem Absatz kehrtgemacht hätte. „Ich halte es nicht mehr aus. Ich muß rausgehen", sagte er plötzlich und war ganz weiß um die Nase.

Wir verabredeten uns, daß ich abklären sollte, ob wir uns hier testen lassen konnten, und daß ich ihn draußen wieder treffen wollte. Es dauerte einige Zeit, bis ich die Ambulanz gefunden hatte. Ein Verletzter, dem das Blut von einer Kopfplatzwunde herablief, wurde hereingebracht. Hinter sich ließ er eine rote Spur auf dem dunkelgrauen, schmierigen Steinfußboden zurück. Sein Begleiter hatte die offene Stelle mit einem schmutzigen Stoffetzen abgedeckt. Das Blut tropfte weiter herab, aber der Arzt in der Ambulanz würdigte ihn keines Blickes, sondern drückte seinem Begleiter ein Formular zum Schädelröntgen in die Hände. Als er mich in der Ecke stehen sah, rief er mich zu sich, obwohl noch viele andere vor mir an der Reihe waren.

Ich zögerte und war verärgert, daß er sich nicht zuerst um den akut verletzten Mann gekümmert hatte. Mir fiel es außerdem schwer, das Gespräch in diesem großen Raum einzuleiten, in dem uns jeder zuhören konnte. Es waren bestimmt viele um uns, die ausreichend Englisch verstanden, um alles mitzubekommen.

„Kann ich Sie einen Augenblick unter vier Augen sprechen?" fragte ich ihn, und er willigte sofort ein. Wir zogen uns in einen kleinen dunklen Nebenraum zurück. Ungestört konnte ich ihm das Problem schildern.

„Ich kann nicht glauben, daß Sie HIV-positiv sind. Ich möchte Sie erst untersuchen." Aufmerksam tastete er meine Lymphknoten ab und konnte nichts Auffälliges feststellen. Schließlich bat er mich, den Mund zu öffnen und drückte mit blankem Finger meine Zunge hinunter. Schnell zog er seine Hand zurück.

„Kann ich mich dadurch jetzt infizieren?" fragte er mich erschrocken.

„Nur wenn Sie sich an Ihrem Finger verletzt haben", antwortete ich, und er eilte zum Wasserhahn, um schnell seine Hände zu waschen.

„Sie müssen sich mit der Blutbank in Verbindung setzen. Ich werde Sie dort vorstellen", sagte er schließlich.

Ich fragte mich, was diese ganze Untersuchung eigentlich sollte, wegen der er die Patienten in seinem überfüllten Wartezimmer hatte sitzen lassen. Ich hatte ihn nur gebeten, den Bluttest durchzuführen. Warum bestand er darauf, mich von Kopf bis Fuß zu inspizieren? Hatte er vielleicht nur die Gelegenheit genutzt, um mich nackt zu sehen? Ich wurde mißtrauisch.

„Können Sie mir helfen, daß ich in Deutschland arbeiten kann?" fragte er mich plötzlich ganz unvermittelt. Da begann ich zu begreifen, was er eigentlich von mir wollte. Ich war froh, daß ich mich geweigert hatte, ihm zu Anfang meinen Namen zu nennen. „Leider nein. Selbst wenn Sie ein Visum bekommen, wird man Ihnen keine Arbeitserlaubnis als Arzt geben", antwortete ich verärgert.

Wortlos führte er mich zur Blutbank und sprach mit der Leiterin zunächst lange auf Javanisch. Dann ging er fort, ohne sich von mir zu verabschieden.

„Was wollen Sie?" fragte mich schließlich die Leiterin der Blutbank auf Englisch. Über ihren scharfen Tonfall war ich etwas verwundert. „Hat Ihnen der Arzt eben nicht erklärt, worum es geht?" Sie schüttelte den Kopf. „Nein. Darüber haben wir nicht gesprochen."

Es fiel mir schwer, nochmal alles zu wiederholen. Tränen kamen mir in die Augen. Geduldig hörte sie zu und legte ihren Arm um mich.

„Wir können Ihr Blut hier testen. Aber wenn Sie positiv sind, dann müssen wir eine Eintragung in Ihrem Paß vornehmen." Es durchzuckte mich. „Was geschieht dann an der Grenze?" fragte ich nach. Sie schüttelte abermals den Kopf. „Ich weiß es nicht."

Doch ich wußte, was uns geschehen konnte, wenn wir in den Irak zurückkamen. Ich erklärte ihr, daß ich mich unter diesen Umständen lieber nicht testen lassen wollte, und versuchte, so schnell wie möglich das Gebäude zu verlassen. Unterwegs sah ich mich noch ein paarmal um, ob mir nicht jemand folgte. Ich fühlte mich wie eine gejagte Verbrecherin.

Jamal war verzweifelt, als ich ihm von der angedrohten Eintragung im Paß erzählte. Schweigend gingen wir durch die Straßen, um uns zunächst einmal von der Universitätsklinik zu entfernen.

An jenem Abend dachte ich lange über die weltweite Verbreitung von HIV nach. Für mich war der entscheidende Vektor der Pandemie[2] eher der Weltwirtschaftsverkehr, der dieses Gefälle zwischen arm und reich entstehen ließ, als der Geschlechtsverkehr.

---

[2] Pandemie = über Länder und Erdteile sich ausbreitende Krankheit und Seuche (zu grch. pandemia, „alle Leute")

In einem Faltblatt mit dem Titel „Gesundheitstips für Globetrotter" der Bundeszentrale für gesundheitliche Aufklärung hatte ich folgendes gelesen:

„Der wichtigste Übertragungsweg des die Immunschwäche-Krankheit auslösenden Erregers (HIV) ist der Geschlechtsverkehr. Auch auf Reisen gilt die Warnung vor Sexualkontakten mit unbekannten Partnern, insbesondere mit Prostituierten. Aids ist unheilbar und endet regelmäßig tödlich. Durch die Benutzung von Kondomen kann das Risiko einer Infektion vermindert werden."

Mittlerweile war ich skeptisch, ob das alles so stimmte. Vielleicht war der Geschlechtsverkehr nicht der wichtigste Übertragungsweg. Woher konnte ich überhaupt sicher sein, daß ich selbst in Deutschland damals bei meiner Blutspende getestet worden war, dachte ich mir, ein beunruhigender Gedanke. Kondome konnten dieses Risiko nicht vermindern. Dafür ließ sich mit ihnen, im Gegensatz zum Testen von Blutkonserven, viel Geld verdienen.

„Ich möchte zurück nach Deutschland und mich dort testen lassen. Ich halte das so nicht mehr aus", schlug Jamal vor. Ich stimmte ihm zu, denn so hatte es keinen Zweck. Es lag ein großer Schatten über uns, der die Reise verfinsterte. Noch am gleichen Tag buchten wir unseren Rückflug.

Während wir durch die Straßen Jakartas schlenderten, begann ich mich nach medizinischen Untersuchungsinstrumenten umzusehen. Ich wollte mir gerne ein Ophthalmoskop und ein Otoskop für das Praktische Jahr zulegen.

Die Instrumente waren hier viel billiger als in Deutschland, wo sie für mich als Studentin nur schwer erschwinglich waren.

Fast hätte ich dem Verkäufer zugesagt, daß ich dieses Set kaufen wollte, als Jamal mich verwundert fragte: „Was willst du damit? Du kannst doch jetzt sowieso nicht mehr in deinem Beruf weiterarbeiten."

Mir schnürte es den Hals zu. Ich brachte gerade noch eine Entschuldigung bei dem Verkäufer hervor, und wir verließen den Laden.

Ich hatte Jamal noch nichts von meinem Plan erzählt, daß ich dennoch mein Studium beenden wollte. Er hatte ein düsteres Bild unserer Zukunft gemalt und sich hinter der Mauer seiner Trauer für mich unerreichbar eingeschlossen.

12. Positiv und Negativ

Als wir am Flughafen in Hamburg ankamen, stiegen wir sofort in das nächstbeste Taxi und ließen uns zum Gesundheitsamt fahren.

Das Büro der AIDS-Beratungsstelle war supermodern eingerichtet mit bequemen giftgrünen Ledersesseln, weißen Möbeln und einem Teppichboden mit geometrischen Design, der noch frisch nach PVC roch. Es war ein grasser Gegensatz zur Armut in Indonesien.

Die Ärztin der HIV-Beratungsstelle war sehr berührt, nachdem wir ihr unsere Geschichte erzählt hatten. Sie schätzte die Gefahr, sich bei der Arbeit zu infizieren, gerade für Berufsanfänger größer ein, als es in den Medien bisher immer dargestellt wurde. Um es mir zu demonstrieren, ließ sie eine Weile Wasser über einen Latexhandschuh laufen und zeigte mir, daß ihre Hände feucht geworden waren, als sie die Handschuhe auszog.

Um ehrlich zu sein, ich hielt die Feuchtigkeit für den normalen Schweiß ihrer Haut.

„Auf die Handschuhe kann man sich nicht verlassen. Sie sehen es ja selbst. Ich kann mich noch gut an die Blutbäder erinnern, als ich meine ersten Braunülen [1] gelegt habe", meinte sie dann.

Anscheinend war ich nicht unvorsichtiger als die anderen auch, dachte ich mir dann. „Kennen Sie noch mehr Fälle, in denen sich Krankenhauspersonal bei der Arbeit angesteckt hat?" fragte ich erstaunt.

„Darüber darf ich Ihnen keine Auskunft geben."

---

[1] Braunüle = ein in der Vene verbleibender Zugang

Ich hatte mir zwar vorgenommen, möglichst wenigen mitzuteilen, daß ich positiv war, doch jetzt wurde ich nachdenklich. Falls ich keine Ausnahme sein sollte, dann mußte unbedingt die Öffentlichkeit von den Risiken erfahren und im Gesundheitswesen mußte ganz anders damit umgegangen werden. Auf der anderen Seite wollte ich nicht noch mehr Panik verbreiten, als in der Bevölkerung sowieso schon herrschte. Unter allen Umständen mußte ich auch meine Anonymität wahren.

„Falls ich kein Einzelfall bin, dann kann ich das doch nicht so schweigend hinnehmen, damit nicht noch mehr Menschen das gleiche geschieht wie mir", sagte ich zu der Ärztin vom Gesundheitsamt.

Sie lehnte sich bequem in ihrem Stuhl zurück. „Was wollen Sie tun?"

„Auf jeden Fall will ich anonym bleiben. Aber irgendwie muß den Gefahrenquellen nachgegangen werden. Vielleicht sollte ich Professor Schneider mit ins Vertrauen ziehen. Schließlich habe ich während der ganzen Zeit in seiner Abteilung gearbeitet und er ist in der AIDS-Forschung aktiv."

Sie beugte sich interessiert auf ihrem Sessel nach vorne. „Ich halte das für einen guten Vorschlag. Professor Schneider und ich arbeiten eng auf dem Gebiet der öffentlichen Gesundheitsforschung zusammen. Ich finde es gut, wenn Sie sich mit ihm in Verbindung setzen."

Falls diese Schreckensvision wahr sein sollte, trug ich nun die Verantwortung, andere zu warnen. Mir wurde unwohl bei dem Gedanken, denn dies hieße, den Schutz der Anonymität zu verlassen. Andererseits fühlte ich mich verpflichtet, meine Informationen weiterzugeben. Es würde zunächst ausreichen, Professor Schneider ins Vertrauen zu ziehen. Er war Direktor der Abteilung für Innere Medizin, somit auch für die AIDS-Forschung zuständig und hatte dadurch die besten Möglichkeiten, die wirklichen Risiken im Arbeitsbereich zu erforschen.

„Wie gehen Sie denn jetzt damit um?" fragte mich die Ärztin, und in ihrer Stimme schwang Mitleid.

„Für mich selbst ist es nicht so schwer. Ich habe durch meine Arbeit viele Sterbende begleitet und mich selbst schon vorher häufig mit dem Thema Tod auseinandergesetzt. Ich sehe es eher als eine Herausforderung des Lebens an. Ich glaube, mein Mann leidet mehr darunter."

Ich blickte auf Jamal. Seine Augen blitzten feucht. Sie hatte ihn die ganze Zeit über kaum beachtet. Er hatte sich etwas abseits hingesetzt und sich schweigend zurückgehalten. Jetzt erst schien er ihr aufzufallen. Sie versuchte, mit ihm ins Gespräch zu kommen.

„Und wie geht es Ihnen?" Jamal blickte zu Boden und knetete seine Hände gegeneinander. „Ich weiß es nicht. Ich kann es nicht sagen", antwortete er und preßte dann die Lippen fest aufeinander, als hätte er damit schon zu viel von sich verraten.

Die Ärztin lehnte sich wieder in ihrem Sessel zurück und blickte ratlos auf ihn. Auch sie konnte keinen Zugang zu ihm finden. Eine Weile herrschte Schweigen im Raum, und dann nahm sie mit Handschuhen die Blutproben ab. Auch mich wollte sie vorsichtshalber nochmal testen, obwohl ich schon zweimal untersucht worden war.

„Ich möchte es lieber noch einmal nachkontrollieren. Wir lassen die Untersuchung in einem anderen Labor durchführen." Auch sie hielt also den Laborfehler noch nicht für vollkommen ausgeschlossen.

„Wann können wir das Ergebnis erfahren?" fragte ich nach. „In einer Woche können Sie hier vorbeikommen." „Können wir Sie nicht anrufen? Wir wollten meine Eltern besuchen, die in der Nähe von Hannover leben." Sie schüttelte den Kopf. „Ich darf Ihnen am Telefon leider keine Auskunft geben. Das sind unsere Regeln. Es kann ja sein, daß sich jemand vor Schreck umbringt."

Ich konnte diese starren Regeln nicht verstehen. „Aber ich weiß doch schon seit drei Monaten, daß ich positiv bin, und wir sind uns seitdem sicher, daß wir beide infiziert sind. Für uns ist es doch keine neue Nachricht mehr."

Wir diskutierten eine Weile hin und her, und am Ende war sie bereit, uns das Ergebnis unter einer Codenummer am Telefon mitzuteilen. Wir waren beide froh, daß uns eine neue Fahrt nach Hamburg erspart blieb.

Schon gleich bei der Ankunft bei meinen Eltern gerieten wir in die befürchtete Situation, uns in Ausreden flüchten zu müssen. „Wieso seid ihr schon früher als geplant aus Indonesien zurückgekommen? Ist es euch nicht gut gegangen?" wollten sie arglos wissen. Wir erzählten etwas von organisatorischen Notwendigkeiten wegen dem geplanten Wohnungswechsel nach Frankfurt.

Meiner Mutter konnte ich nicht die Wahrheit preisgeben, da sie sich ohnehin wegen jeder Kleinigkeit aufregte und ein sehr schwaches Herz hatte. Es genügte, daß ich Jamals Leben in Gefahr gebracht hatte. Einen Herzinfarkt wollte ich nicht auch noch verursachen. Außerdem wäre Jamal bestimmt verdächtigt worden, daß er mich angesteckt hatte. Damit hätten sich ihre bestehenden Ausländerfeindbilder noch mehr verstärkt.

Die Woche des Wartens auf das Testergebnis schien mehr als sieben Tage zu haben. Es war, als würden die Zeiger der Uhren hängenbleiben, während wir einsilbig mit meinen Eltern zusammensaßen und nicht wußten, worüber wir reden sollten. Noch am Abend des ersten Tages ging ich unter dem Vorwand der Müdigkeit früh ins Bett und schrieb einen Brief an Professor Schneider. Ich schilderte ihm ausführlich meinen Einzelfall und bat ihn, er möge die beruflichen Ansteckungsrisiken weiter eruieren. Insbesondere betonte ich, daß es mir nicht darum ging, eine Panik im Gesundheitswesen zu verbreiten, aber dennoch die Gefahrenquellen realistisch einzuschätzen. Gleich am nächsten Morgen brachte ich den Brief heimlich zum Postamt.

Mein Vater hatte am Wochenende Geburtstag. Die vielen Besucher aus der Verwandschaft und die kurzen, oberflächlichen Gespräche waren eine willkommene Abwechslung, dem genaueren Nachfragen über den plötzlichen Abbruch unserer Reise zu entgehen. Eigentlich waren wir innerlich darauf eingestellt, bald bestätigt zu bekommen, daß wir beide positiv waren, die Ungewißheit hatte uns jetzt schon lange gequält. Aber die Tage des Wartens, bis diese Ungewißheit sich endlich klären sollte und wir die medizinische Bestätigung hatten, fielen uns noch schwerer als die drei Monate, während der wir uns nicht hatten testen lassen können.

Ich vergesse nie den Augenblick, als wir in der Telefonzelle auf dem Dorfplatz standen und das Gesundheitsamt anriefen. Zunächst meldete sich ein Mann am Telefon, der mir wieder von den festen Regeln erzählte, daß er am Telefon keine Auskunft geben durfte. Ich bat ihn, mich zu der Ärztin durchzustellen, mit der wir vor einer Woche gesprochen hatten . Nachdem ich in üblicher bürokratischer Manier über mehrere Leitungen weiterverbunden wurde, geriet ich wieder zurück an den Mann mit den festen Regeln.

„Ich habe jetzt die Erlaubnis, Ihnen ausnahmsweise das Ergebnis am Telefon mitzuteilen. Wie lautete Ihre Codenummer?" Vor Schreck fiel mir die Nummer erst nicht mehr ein. Zum Glück hatten wir sie auf einem Zettel notiert.

Der Beamte wurde mißtrauisch und ungeduldig. „Ohne die Nummer kann ich Ihnen wirklich keine Auskunft geben." Mit zittriger Stimme las ich die Zahlen und Buchstaben von dem kleinen zerknüllten Zettel ab. „Nummer vierachtsiebensechs", das war meine Nummer, „ist positiv." Es entstand eine unerträgliche Pause. Beide hielten wir unsere Ohren fest an den Hörer gepreßt. „Die andere Nummer ist negativ."

Noch nie im Leben hatte ich mich über ein „negatives" Ergebnis so sehr gefreut. Jamal und ich umarmten uns vor der Telefonzelle und vergaßen ganz die Außenwelt des kleinen Dorfes. In diesem Moment fühlte ich mich von der größten Last erleichtert, die mich bisher in meinem Leben bedrückt hatte.

Jamal wurde ganz euphorisch. „Jetzt glaube ich auf keinen Fall mehr, daß du positiv bist. Ich stelle die ganze Wissenschaft in Frage. Ich bin negativ, wo wir so lange ohne Gummi miteinander geschlafen haben. Es ist doch unlogisch. Wenn das Virus wirklich hauptsächlich so übertragen wird, wie kannst du dann positiv sein? Das ist doch total unwahrscheinlich."

Während Jamal noch im Glück schwelgte, packte mich wieder die Skepsis. Wie schnell hatte ich mich durch ein Laborergebnis beglücken lassen. Vielleicht war dieses Ergebnis falsch negativ, vielleicht war das Virus schon längst in seinem Körper und ließ sich nur noch nicht im Blut nachweisen. Doch ich traute mich nicht, Jamal gegenüber meine Zweifel zu erwähnen. Es hatte sich in unsere Beziehung etwas eingeschlichen, was ihre Qualität vollkommen änderte. Wir hatten beide unsere gegenseitige Offenheit aufgegeben, die ich vorher so sehr geschätzt hatte.

Ich blickte Jamal an und sein Lächeln trieb meine negativen Gedanken fort. Es gab keine Sicherheit. Doch bis vor kurzem hatte ich geglaubt, daß ich Jamal angesteckt hatte, und nun gab es neue Hoffnung. Wenn ich in meinem Fall das Unwahrscheinliche in Betracht zog, wieso stellte ich es dann bei Jamal in Zweifel? Ich spürte Jamals warme Umarmung und genoß das neue befreiende Gefühl. Es schien, als sei ich aus dem Gefängnis meiner Schuld entlassen worden.

Wir verließen den Dorfplatz und ich zeigte Jamal einen meiner Lieblingswege aus meiner Schulzeit. Obwohl wir nur dünn bekleidet waren, nahmen wir die Kälte des Winters in diesem Moment nicht wahr. Eng aneinandergeschmiegt gingen wir über den festgefrorenen Waldweg spazieren.

In dieser Atmosphäre gelang es mir, Jamal meine Gedanken preiszugeben.

„Jamal, du weißt, daß dieses Ergebnis noch nicht zuverlässig ist. Es gibt da eine gewisse Latenzzeit, in der das Virus noch nicht im Blut nachweisebar ist. Du mußt dich nach ein paar Monaten nochmal testen lassen."

Jamal umarmte mich noch fester. „Ich weiß. Ich weiß. Doch ich glaube nicht mehr an die ganze Geschichte." Schon wieder begann er alles zu verdrängen.

„Ich möchte ab sofort nicht mehr ohne Kondom mit dir schlafen", erklärte ich Jamal. „Überlege dir doch einmal, wenn wir das schon seit Oktober getan hätten, dann wären wir jetzt nicht in der Situation, daß wir das Testergebnis anzweifeln müßten." In meiner Stimme klang ein leiser Vorwurf. Ich ärgerte mich über meine eigene Dummheit.

„Komm laß dir einen Kuß geben. Ich besorge uns Kondome und werde mich später nochmal testen lassen. Ich habe jetzt wieder neuen Mut bekommen."

Jamals gute Stimmung gab mir neuen Auftrieb. Seit Monaten hatte ich ihn nicht mehr so erlebt. Er hatte in der letzten Zeit keine Lebensperspektive gesehen.

Doch sein plötzlicher Optimismus stützte sich auf kein solides Fundament. Er baute seine neue Hoffnung auf der Illusion auf, daß ich ebenfalls negativ war. Ich suchte einen Weg, ihn auf den Boden der Realität zurückzubringen.

„Sollen wir meinem Vater davon erzählen? Jetzt, wo wir wissen, daß du negativ bist, kann er nicht behaupten, daß du mich angesteckt haben könntest." Jamal runzelte seine Stirn. „Du bist also davon überzeugt, daß du wirklich positiv bist?" „Ja", antwortete ich, „nach drei positiven Proben in zwei verschiedenen Labors kann ich einfach nicht mehr behaupten, daß alles nur Humbug ist."

Plötzlich ließ er meine Schulter los. „Was heißt Humbug?" hakte er nach. „Unsinn, Blödsinn, Schwindel", erklärte ich ihm. Wir waren stehengeblieben und nun begannen wir die Kälte zu spüren. „Du zitterst", bemerkte Jamal, „sollen wir zurückgehen?" „Ja", antwortete ich, „doch du hast meine Fage noch immer nicht beantwortet." Schweigend kehrten wir um.

Nach einer Weile legte Jamal wieder seinen Arm um mich. Die Wärme seines Körpers tat mir gut. Die einbrechende Abenddämmerung brachte eisige Kälte mit sich. Die Finger in meinen Jackentaschen waren steifgefroren, doch innerlich empfand ich eine wohlige Wärme. Die Mauer, die uns getrennt hatte, begann zu bröckeln und die eingefrorene Offenheit taute etwas auf.

„Ich glaube, es ist besser, wenn wir deinem Vater Bescheid sagen. Irgendwann erfährt es deine Familie sowieso und dann wird es schwer, zu erklären, warum du es nicht gleich gesagt hast. Schließlich geht es deine Familie auch etwas an, und in den letzten

Tagen habe ich mich nicht wohlgefühlt, als wir mit niemanden über unsere Probleme reden konnten."

Erleichtert atmete ich auf. „Sollen wir es auch deiner Familie mitteilen?" fragte ich weiter.

„Auf keinen Fall", protestierte er heftig. „Wenn meine Familie davon erfährt und es über die Familie hinaus bekannt wird, dann können wir vielleicht nie mehr in den Irak zurückkehren. Du kannst dich nicht darauf verlassen, daß sie es für sich behalten. In deiner Familie ist es nicht so schlimm, wenn jemand es weiterverbreitet. Da kann uns nicht so viel passieren." Er hatte recht. Außerdem konnte ich mir nicht vorstellen, daß jemand aus meiner Familie es weitererzählte.

„Was ist mit meiner Mutter?" Ich hatte Hemmungen, es ihr zu erzählen, nicht nur, weil ich mich um ihre Gesundheit sorgte, sondern ich hätte auch ihre Ängstlichkeit mir gegenüber nicht ertragen. Sie kümmerte sich gerne zu viel um mich und damit hätte ich Öl auf das Feuer gegossen. Den nötigen Abstand, den ich mir endlich zu ihr verschafft hatte, wollte ich noch nicht gefährden. Auch Jamal zögerte. „Vielleicht ist es besser", meinte er, „wenn du zuerst mit deinem Vater darüber redest."

Ich hatte den gleichen Gedanken. Bei meiner Mutter kam es darauf an, den geeigneten Moment abzupassen. Wir durften jetzt nichts überstürzen.

„Mein Vater könnte besser mit dieser Tatsache umgehen. Mit meinen beiden Schwestern kann ich nicht darüber reden. Für sie sind solche Themen zu weit weg von ihrem Lebensalltag", meinte ich zu Jamal. „Außerdem halte ich es nicht aus, wenn ich von den Menschen, die mir nahestehen, plötzlich bemitleidet werde."

Ich wollte das Ganze erst einmal mit mir selbst ausmachen, bis das aufgewühlte Wasser wieder klar wird und alles deutlicher sichbar ist.

„Ich fände es besser, wenn du es auch deinen Schwestern sagst", schlug Jamal vor. Mein Verhältnis zu Karin und Claudia war, seit ich mit Jamal zusammen war, sehr gespalten. Claudia und ihr Mann weigerten sich immer noch, Jamal kennenzulernen. Karin befand sich auf Distanz, doch zumindest blieben wir in regelmäßigem Kontakt.

„Die beiden haben noch immer daran zu knacken, daß wir zusammen sind. Ich habe keine Lust, ihnen jetzt einen weiteren Schock zu versetzen." Jamal konnte mich hierin gut verstehen und akzeptierte meinen Standpunkt.

Wir erreichten die beleuchtete Asphaltstraße und ich konnte in sein Gesicht sehen, das deutlich entspannter wirkte. Auch mir brachte dieses Gespräch Erleichterung. Jetzt endlich konnte ich Jamal wieder nach seinen Gefühlen fragen.

„Wie geht es dir, wo du weißt, daß du negativ bist?" fragte ich ihn. „Hast du jetzt eigentlich Mitleid mit mir?" Jamal senkte seinen Kopf zu Boden und wandte sein Gesicht von mir ab. Ich wußte, daß Jamal in dieser Hinsicht sehr sensibel war.

„Komm, sei ehrlich zu mir," bohrte ich nach. Jamal nickte. „Du kennst mich ja. Ich habe leicht Mitleid." Jetzt, wo er wahrscheinlich selbst negativ war, quälte ihn die Vorstellung, zusehen zu müssen, wie ich in Krankheit dahinsiechte.

Jamal konnte bis heute nicht nachvollziehen, warum ich nach dem Abitur ein Jahr lang nach Irland gezogen war, um dort mit sogenannten geistig behinderten Erwachsenen in einem Haus zusammenzuleben. Er scheute sich vor ihrem Anblick und hätte sich dabei nicht wohlfühlen können, weil ihn ständig sein Mitleid gequält hätte.

„Jamal, erinnerst du dich noch, was ich dir oft von der Zeit in Irland erzählt habe? Manche litten mehr unter dem Gefühl, bemitleidet und nicht als vollständige Menschen wahrgenommen zu werden, als unter ihrer Behinderung selbst. Sie empfanden es als erniedrigend. Viele von ihnen waren viel unbeschwerter als ich. Sie befanden sich wirklich in der Gegenwart, im Hier und Jetzt und lebten aus dem Herzen, nicht aus dem Kopf."

„Ja, ich weiß", entgegnete er. „Und trotzdem hätte ich mit ihnen Mitleid gehabt."

„Mir kommt es vor, daß dich dein Mitleid und die Gedanken, welche schlimmen Leiden mich morgen betreffen können, mehr bedrücken, als mich selbst. Sei dankbar für jeden Tag, den wir so erleben dürfen. Ich bin heute sehr glücklich. Du kannst dir nicht vorstellen, wie sehr ich bis jetzt unter Schuldgefühlen gelitten habe. Mit deinem Mitleid kannst du mir nicht helfen. Wir müssen jetzt gemeinsam stark werden, statt uns durch Selbstmitleid zu schwächen."

Doch Jamal war seinem Mitleid wehrlos ausgesetzt. Ich hätte es nicht ertragen können, wenn plötzlich noch mehr Menschen in meiner Umgebung so auf mich reagiert hätten.

Ebenso ging es mir mit der Angst. Mich quälte die Vorstellung, daß jemand, der mir nahestand, Angst haben könnte, mich zu verlieren, obwohl ich diese Situation vor einem Jahr selbst extrem stark erlebt hatte. Es hätte mich in diesem Moment nur belastet, wenn sich jemand um mich geängstigt hätte. Ich brauchte Mut, nicht Angst. Ich hatte nicht die Kraft, mich zusätzlich darum zu kümmern, anderen die Angst zu nehmen.

Ich wollte weder Mitleid wecken noch mich durch die Angst der anderen entmutigen lassen. In diesem Moment sehnte ich mich nach jemanden, der Jamal Kraft geben konnte. Doch ich wußte nicht, wer.

Jamal hatte bis jetzt niemanden gehabt, mit dem er sich darüber austauschen konnte. Bis zu diesem Tag hatte er sich dagegen gesträubt, sich mir gegenüber zu öffnen. Morgen konnte es genausogut sein, daß er sich wieder hinter seine Mauern verkroch.

13. Öffnen

Aus dem Wohnzimmerfenster meiner Eltern schimmerte das blaue Licht des laufenden Fernsehers bis auf die Straße. Als meine Mutter die Tür öffnete, fragte sie erstaunt: „Wo wart ihr denn so lange? Es ist doch so kalt draußen. Hoffentlich habt ihr euch nicht erkältet.“ Die Wärme des Holzofens schlug uns entgegen. Es roch noch nach Kaffee und Kuchen.

„Wir waren spazieren“, erklärte ich ihr. „Macht schnell die Tür zu. Es kommt Kälte herein“, forderte sie uns auf, während wir vorsichtig unsere Schuhe auszogen, damit wir den frischpolierten Flurboden nicht verschmutzten. Wie hätten wir es fertigbringen können, sie aus ihrer Gemütlichkeit am warmen Ofen mit selbstgebackenen Streuselkuchen aufzuscheuchen. Schon die Vorstellung eines Schnupfens bereitete ihr Sorge.

An diesem Abend konnte ich wieder an den Alltagsgesprächen teilnehmen, die sich ausschließlich um das kleine Dorf drehten. Auch Jamal war viel lockerer.

Am nächsten Tag war es nicht schwer, einen geeigneten Moment zu finden, um mit meinem Vater alleine sprechen zu können. Wir brauchten nur einen gemeinsamen Spaziergang vorzuschlagen, denn ich wußte, daß meine Mutter nicht so leicht von ihrem warmen Zuhause wegzubringen war.

Unterwegs begann mein Vater uns eine lange Geschichte aus der Dorfpolitik zu erzählen, die uns überhaupt nicht interessierte. Es fiel uns sehr schwer, zuzuhören. In Gedanken überlegte ich mir die ganze Zeit, wie ich ihm das Ganze nun erzählen sollte.

Während sein Reden an mir vorbeirauschte, bekam ich Herzklopfen. Mir wurde klar, daß das, was mein Vater über AIDS und

HIV gelesen hatte, aus der Lokalzeitung und einigen Boulevardblättern stammte. Endlich nahm der lange Monolog meines Vaters sein Ende.

„Papa, ich muß mit dir über etwas Wichtiges reden. Kannst du dich noch an den Sonntag erinnern, als Mama am Kaffeetisch gesagt hat, daß sie Angst hat, ich könnte mich bei der Arbeit infizieren?"

Meinem Vater kam diese Szene sofort ins Gedächtnis. „Das hat sie übrigens später zu mir noch öfter gesagt, daß sie davor Angst hat", bestätigte er mir.

„Sie hat recht gehabt", sagte ich zu meinem Vater. „Ich bin HIV-positiv und hatte sonst keine andere Möglichkeit, mich angesteckt zu haben, außer durch die Arbeit im Krankenhaus." Mein Vater blieb stehen und schnappte nach Luft. Er litt wegen einer chronischen Lungenerkrankung häufig unter Atemnot, doch jetzt blieb ihm die Luft durch den Schock weg, den ich ihm versetzt hatte.

Ich konnte es kaum ertragen, als ich sah, wie seine Lippen sich bläulich verfärbten.

„Immer wieder hat mich Maria darauf angesprochen. Ich kann es nicht begreifen, wie oft sie mit solchen Sachen recht behält. Ich habe auch schon gedacht, daß deine Arbeit gefährlich ist." Seine Worte wurden häufig durch das Ringen nach Luft unterbrochen, obwohl wir stehengeblieben waren.

Ich sah mich nach einer Bank für meinen Vater um, doch es gab keine in der Nähe.

„Ich weiß gar nicht, was ich sagen soll. Jetzt bin ich total fertig. Das ist der größte Schlag, den mir mein Leben bisher versetzt hat. Du darfst es nie deiner Mutter sagen. Die verkraftet das nicht. Sie wird verrückt. Dann kann ich das Leben mit ihr nicht mehr aushalten."

Ich biß mir auf die Lippen. Am liebsten hätte ich meine Worte wieder zurückgenommen, die ihn nun so sehr quälten. Mit wem sollte er darüber sprechen? Nun würde er seine ganzen Sorgen auch noch vor meiner Mutter verbergen müssen. Die Atmosphäre, die in den letzten Tagen im Haus meiner Eltern geherrscht hatte, würde für ihn nun zum Alltag werden. Ich hatte ihn in eine trostlose Situation hineingebracht.

„Als du in meinem Alter warst, hast du den Krieg an der Front erlebt. Jeder Tag konnte dein letzter sein, doch du hast selbst erzählt, daß du eine innere Zuversicht hattest, daß du es schaffst, und so bist du auch durchgekommen. Du hast beschrieben, wie du durch die lebensbedrohlichen Situationen, in denen du dich befandest, gelassener und stärker geworden bist. Ich befinde mich jetzt in einer ähnlichen Situation. Ähnlich wie du durch den Krieg dem Tod nahe gestanden hast, so geht es mir durch dieses Virus. Ich habe kein AIDS, es befindet sich ein Virus in meinem Blut, welches eines Tages dazu führen kann, daß meine Abwehrkräfte zusammenbrechen. Doch keiner weiß, ob das je der Fall sein wird und wenn, vielleicht gibt es bis dahin eine Möglichkeit, auch AIDS zu behandeln."

Mein Vater fühlte sich wieder ein wenig besser, und sein Atem begann sich zu beruhigen. „Ich denke auch, daß irgendwann etwas gefunden wird. Ich habe schon vieles im Leben alleine mit mir ausmachen müssen. Auch jetzt werde ich mit keinem darüber reden."

Ich wußte, daß mein Vater sich sonst öfter bei seinem älteren Bruder aussprach, zu dem auch ich ein besonderes Vertrauensverhältnis hatte. Ich konnte mit diesem Onkel über vieles diskutieren, was sonst niemand in meiner Familie verstanden hätte. „Was hältst du davon, wenn ich Onkel Peter von meiner Infektion erzähle?" schlug ich meinem Vater vor. „Nein. Lieber nicht. Ich möchte nicht, daß er damit belastet wird."

Diese Verschwiegenheit meines Vaters baute unsichtbare Mauern zwischen ihm und den Menschen, die ihm nahestanden. Ich selbst wünschte mir in diesem Moment, daß ich es ihm nicht gesagt hätte. Er war vollkommen hilflos und verzweifelt. Das Wissen um meine Infektion trieb ihn in die Isolation einsamer Trauer.

„Was meinst du, soll ich es wenigstens Karin und Claudia mitteilen?" fragte ich weiter, denn ich wünschte mir, daß er außer uns sonst noch jemand in der Familie hatte, bei dem er sich aussprechen konnte.

„Besser nicht", meinte mein Vater. Die haben genug mit sich selbst zu tun." Zugegeben, mir kam die Antwort meines Vaters gelegen. Ich war mir selbst nicht sicher, ob ich es fertigbrachte, mit meinen Geschwistern darüber zu reden. Es war für mich bequemer, alles für mich zu behalten.

Mein Vater mochte nicht mehr weiter mit uns darüber reden. Er wies uns auf den Mäusebussard hin, der über uns seine Kreise zog. Wir sprachen über das Wetter und die Natur.

Jamal und mir wurde bei diesem Spaziergang nochmals deutlich, wie dürftig die emotionalen Beziehungen innerhalb unserer Familien waren. Die wesentlichen Dinge schien jeder für sich zu behalten. Das Vertrauen fehlte. Kein Problem wurde von der Familie gemeinsam getragen. Wäre meine Krankheit nicht anstekkend, wie Krebs zum Beispiel, dann hätte man offen darüber sprechen können.

In Jamals Familie war es nicht anders. Eine Krebserkrankung wurde als etwas angesehen, was man selbst nicht verschuldet hat, was vererbt wird oder was einen als Schicksalsschlag trifft. AIDS jedoch wurde als eine Strafe Gottes betrachtet, und traf deshalb ihrer Meinung nach nur Homosexuelle und Prostituierte. Zwischen HIV-Viren im Blut und AIDS-Erkrankung wurde außerdem kein Unterschied gemacht. Gerne hätten wir mit der Unwissenheit aufgeräumt, wenn wir nicht damit unser eigenes Leben riskiert hätten. Wir wußten nicht, inwieweit es der Wahrheit entsprach, daß man Menschen, bei denen die HIV-Infektion bekannt war, einfach umbrachte. Doch wie wir die Lage einschätzten, war es denkbar.

In meiner Familie in Deutschland war ich schon lange in der Position der Außenseiterin. Durch meine Heirat mit einem Ausländer hatte sich das ganze damals zugespitzt. Diese Kluft war noch immer nicht überwunden. Dadurch waren bei mir Schuldgefühle entstanden, die ich immer noch mit mir herumschleppte.

Das Schweigen war vorerst für mich wie der schützende Kokon einer Raupe. Nur durch diese Schale hatte ich die Möglichkeit, mich selbst zu entwickeln. Erst wenn ich selbst das Leben als „Positive" voll angenommen hatte und angstfrei meinen Weg gehen konnte, dann war ich reif genug, aus dem dunklen Versteck meiner sicheren Hülle nach außen zu entschlüpfen. Diesen Schutz zu schnell zu verlassen, hätte für mich bedeutet, daß ich mich in meiner eigenen Entwicklung nicht zum Abschluß gebracht hätte.

Eines Tages würde ich so weit sein, es meinen Geschwistern sagen zu können. Dazu mußte ich erst die Leichtigkeit des Schmetterlings erlangen. Es machte für mich nur Sinn, es ihnen dann zu sagen, wenn ich mich so weit entwickelt hatte, daß ich mich selbst wieder lieben gelernt hatte. Dann konnten weder Haß noch Angst mir etwas anhaben.

Vielleicht lag in meiner HIV-Infektion sogar die Chance, unsere verkorksten Familienbeziehungen zu klären. Doch bis dahin war ein langer Weg, und im Augenblick bedauerten Jamal und ich, daß wir meinen Vater in unser Geheimnis eingeweiht hatten.

Beim Abschied von meinen Eltern war uns schwer ums Herz. Mehrmals blickte ich auf meinen Vater zurück, der in gebeugter Haltung neben meiner Mutter stand. Gefangen in der Enge des kleinen Dorfes vergrub er sich nun in sein Schweigen. Die beiden winkten uns noch lange nach, einsam zu zweit. Wir hatten ein weiteres Versteckspiel der beiden voreinander in Gang gesetzt.

„Glaubst du, daß mein Vater so richtig begriffen hat, was eine HIV-Infektion bedeutet?" fragte ich Jamal.

„Ich kann es mir nicht vorstellen. Am besten hätten wir es ihm doch nicht gesagt. Jetzt tut es mir leid."

Im Gegensatz dazu hatten Jamal und ich in den letzten Tagen unsere Karten offen voreinander auf den Tisch gelegt.

„Wie soll es jetzt weitergehen?" fragte mich Jamal, während wir im Auto saßen, auf der Fahrt nach Frankfurt.

„Ich möchte so weiterleben wie bisher, jeden Tag genießen. In Indonesien hast du viel kostbare Zeit vergeudet. Du hast immer nur die zerstörte Zukunft gesehen und dabei den Augenblick gar nicht mehr wahrgenommen."

Wir schwiegen eine Weile und blickten auf die leere Autobahn, die schnurstracks geradeaus führte.

„Bis jetzt habe ich nicht mit dir darüber gesprochen", fuhr ich fort, „ aber ich habe beschlossen, mein Studium fortzusetzen."

Jamal blickte mich verwundert an und hob den Fuß vom Gaspedal, so daß wir abrupt langsamer fuhren. „Du willst das Praktische Jahr anfangen? Bist du dir bewußt, was da auf dich zukommt? Das kann doch gefährlich werden. Vielleicht machst du dich strafbar, wenn du so weiterarbeitest."

Seine Worte gaben mir einen Stich. In ihnen schwang der Vorwurf, daß ich fortan eine Gefahr für andere darstellte. Ich hatte von ihm eine andere Reaktion erwartet. Wenn er solch eine Panik vor den Ansteckungsrisiken hatte, wieso lebte er dann weiter mit mir zusammen?

„Ich habe mir das lange überlegt und bin zu dem Schluß gekommen, daß nicht ich eine Gefahr für Patienten darstelle, sondern diejenigen Ärzte, die nicht wissen, daß sie HIV-positiv sind. Ich weiß es wenigstens. Deshalb werde ich entsprechend vorsichtig damit umgehen."

„Genauso, wie du vorher aufgepaßt hast, als du dich infiziert hast", antwortete Jamal. Seine bittere Ironie verletzte mich tief. „Du bist gemein", rief ich empört.

Erst jetzt bemerkte er, wie sehr er mich mit seinen Worten verletzt hatte. „Ich wollte dich ja nur auf die Gefahren aufmerksam machen. Ich mache mir Sorgen", versuchte Jamal wieder einzulenken.

„Du sprichst jetzt genau wie meine Mutter", antwortete ich spöttisch und ahmte seine Worte im Tonfall meiner Mutter nach. Auch Jamal mußte dabei grinsen.

„Trotzdem bin ich mir unsicher, ob du als HIV-Positive im Krankenhaus arbeiten kannst. Mich beunruhigt der Gedanke, daß du jemanden anstecken könntest", wandte er ein.

Doch ich war mir meiner Entscheidung sicher. Gefährlich würde es nur in der Chirurgie werden. Daran führte im Praktischen Jahr kein Weg vorbei. Aber ich würde schon eine Möglichkeit finden, mich vor dem OP sooft wie möglich zu drücken. Später brauchte ich dann nie mehr operativ tätig zu werden.

„Wieso willst du nicht etwas anderes machen?" schlug Jamal vor.

„Ich glaube, daß meine Erfahrungen als HIV-Positive für mich später als Ärztin einen ganz besonderen Wert haben. Ich möchte später vielleicht in der psychosomatischen Betreuung von AIDS Patienten arbeiten", entgegnete ich, „denn in der Art, wie man mit der Krankheit umgeht, liegt ein wichtiger Schlüssel verborgen. Es kommt darauf an, in dieser Krankheit neue Chancen zum Leben zu erkennen."

Jamal war weiterhin skeptisch. „Du mußt es wissen. Es ist schließlich deine Entscheidung. Ich werde sie akzeptieren."

Ich selbst machte mir Gedanken, ob Jamal es in Zukunft mit mir aushalten würde. Währenddessen bog er plötzlich auf den nächsten Parkplatz ab und umarmte mich fest.

Seine Zärtlichkeit nahm den verletzenden Worten von zuvor ihre Schärfe. Er hatte recht mit seinen Bedenken und ich war froh, daß er sie mir direkt auf den Kopf zugesagt hatte. Ich mußte in Zukunft noch sorgfältiger und bewußter werden.

Unser Streit war damit beendet und wir fuhren weiter. „Was hast du in Zukunft vor?" fragte ich Jamal.

„Ich möchte auch weiterstudieren." Seine Stimme klang fest und überzeugt. Ich fühlte mich durch diese Antwort sehr erleichtert, denn bis vor kurzem hatte Jamal noch keine Perspektive darin gesehen, weiterzustudieren.

„Was sollen wir mit der verbliebenen Zeit anfangen, bis das neue Semester anfängt?" wollte Jamal wissen.

„Ich glaube, erst sollten wir unsere Angelegenheiten in Frankfurt erledigen. Wir brauchen eine neue Wohnung und ich muß mich erkundigen, ob ich einen Platz für das Praktische Jahr in Frankfurt erhalten habe. Außerdem möchte ich noch meine Freundin Tatjana an ihrem Geburtstag besuchen und zu meiner Schwester nach Braunschweig fahren."

Es tat uns gut, wieder neue Pläne zu schmieden. „OK. Erst nach

Frankfurt, dann nach München zu Tatjana, zurück nach Braunschweig und danach möchte ich nach Hamburg, ein paar Freunde von mir besuchen", schlug Jamal vor. Sein Gesicht strahlte, als er fortfuhr. „Von da aus können wir zurück zu meiner Familie in den Irak fliegen. Das letzte Mal waren wir innerlich gar nicht richtig da."

Ich selbst war in meinen Gedanken schon wieder bei dem HIV-Virus und wem ich es mitteilen sollte. „Ich werde auch Tatjana jetzt nichts davon sagen. Ich möchte ihr nicht den Geburtstag vermiesen. Willst du mit einem deiner Freunde darüber reden?" Jamal schüttelte den Kopf. „Ich glaube, es ist besser, wenn wir es für uns behalten." Ich stimmte zu.

In Frankfurt wurden unsere Gedanken für einige Zeit abgelenkt. Ich hatte für das Praktische Jahr keinen Platz in Frankfurt, sondern in einer Stadt zugewiesen bekommen, die weit von Jamals Universität entfernt lag. Tägliches Pendeln zwischen beiden Städten war kaum möglich. Es wäre uns in dieser Situation sehr schwer gefallen, eine Wochenendbeziehung zu führen.

Zuletzt wandte sich doch noch alles zum Guten. Da ich mich für Psychosomatik als Wahlfach beworben hatte, was nur in Frankfurt angeboten wird, erhielt ich auch dort einen Platz. Zum Abschluß hatten wir das Glück, auch noch eine Wohnung direkt in der Nähe der Uniklinik zu finden, so daß wir Frankfurt mit einem guten Gefühl verließen.

Durch unsere Vorfreude auf den Neubeginn in Frankfurt, die uns ein Gefühl der Leichtigkeit gab, merkte uns niemand auf Tatjanas Geburtstag an, was wir zuvor mitgemacht hatten. Äußerlich wirkten wir gut erholt und braungebrannt.

14. Fieber deckt auf

Als wir bei meiner Schwester Karin in Braunschweig waren, rief meine Mutter dort an und ich erfuhr, daß es meinem Vater nicht gut ging. Vor zwei Tagen hatte er abends plötzlich starken Schüttelfrost bekommen und danach hohes Fieber. Zum Glück war er jetzt wieder auf dem Weg der Besserung. Jamal und ich machten uns wieder Vorwürfe, weil wir die Krankheit meines Vaters unwillkürlich mit uns in Zusammenhang brachten.

Obwohl das Haus meiner Schwester gut geheizt war, wurde mir nach diesem Telefongespräch sehr kalt. Ich fühlte mich müde und abgeschlagen. „Komm, ich möchte endlich mit dir spielen", rief meine Nichte Bianca und zerrte mich an der Hand. Sie bemerkte, daß sich meine Stimmung nach dem Telefongespräch verändert hatte.

„Du hast mir aber gestern versprochen, daß wir heute zusammen mit dem Bauernhof spielen", schmollte sie und blickte auf die nun bläulich gefärbte Haut meiner Hände.

„Warum sind deine Hände auf einmal so kalt?" fragte sie verwundert. „Komm, wärme sie mir auf. Das passiert öfter. Wenn du anfängst, sie zu reiben, geht es weg", erklärte ich ihr.

Die Wärme von Biancas kleinen Händen tat mir gut, doch ich spürte, daß etwas in meinem Körper vorging. Wir hatten am Nachmittag einem Kinderfastnachtszug zugesehen. Vielleicht hatte ich mich dabei erkältet. Ich gab Jamal heimlich zu verstehen, daß ich aufbrechen wollte. Er war zunächst erstaunt, aber dennoch machten wir uns bald auf den Weg.

Wir saßen gerade eine Stunde im Auto, als meine Zähne zu klappern begannen. Mein Körper begann zu glühen. „Warum zitterst du so? Ist dir kalt?" fragte Jamal verwundert. „Nein. Ich habe Schüttelfrost. Schon in Braunschweig habe ich mich nicht so ganz in Ordnung gefühlt. Deshalb wollte ich auch früher weg. Ich glaube, ich habe mich heute nachmittag einfach nur erkältet. Doch irgendwie fühle ich mich jetzt ganz schön elend. Wir fahren zur Sicherheit besser nach Eppendorf in die Notaufnahme der Uniklinik. Vielleicht habe ich mir auch etwas in Indonesien zugezogen", erklärte ich und versuchte den kläglichen Klang meiner Stimme zu unterdrücken.

Ich hatte Angst, daß es auch mit etwas ganz anderem zusammenhängen konnte. Jamal warf mir einen tief besorgten Blick zu. „Kann es nicht mit AIDS zu tun haben?"

Was sollte ich darauf antworten? Er hatte genug Informationsbroschüren gelesen, in denen auch vermerkt war, daß bei HIV-Positiven schon der kleinste Schnupfen ernst zu nehmen ist.

„Jamal, ich habe noch kein AIDS. Aber du hast recht, daß ich ab sofort mit jeder Kleinigkeit anders umgehen muß als bisher. Deshalb möchte ich jetzt auch lieber zur Vorsicht in die Uniklinik gehen, um mich durchchecken zu lassen." Meine Stimme wurde immer klappriger, und die letzten Worte konnte ich nur noch mit Mühe formen.

Jamal hielt auf einem Parkplatz an, um mir den Sitz bequem zurückzustellen.

„Mein Schatz, was ist mit dir los? Was kann ich für dich tun? Ich will dich nicht verlieren", flüsterte er in mein Ohr. Seine Worte drangen wie aus weiter Ferne zu mir. Noch nie in meinem Leben hatte ich mich so gefühlt. Meine Haut schien zu brennen, während ich das Gefühl hatte, daß das Innere meines Körpers zu Eis gefroren war. Meine Lippen waren aufgesprungen und bluteten. Jamal strich zärtlich mit der Hand über meine Stirn.

„Du glühst ja wie Feuer", bemerkte er besorgt. Mir gelang es kaum, meine Zähne zum Sprechen auseinanderzubekommen. „Ja", antwortete ich mit klappriger Stimme, „aber mir ist kalt." Jamal nahm eine Decke aus dem Kofferraum und beugte sich zu mir herunter, um mir einen Kuß zu geben. Ich hatte Angst wegen meiner blutigen Lippen und wandte meinen Kopf rasch ab.

„Nicht auf den Mund", stammelte ich. Er sah meine blutigen Lippen und verstand sofort. „Keine Angst", beruhigte er mich und ich spürte seine Lippen hinter meinem Ohr. Von dem Rest der Fahrt bekam ich nichts mehr mit, denn ich schlief ein.

„Wach auf, mein Schatz", flüsterte Jamal leise in mein Ohr. „Wir sind in Hamburg angekommen." Ich öffnete meine verklebten Augen und fühlte mich schon besser. Mir war nur noch heiß. Der Schüttelfrost hatte aufgehört, und mein Kopf war wieder klar.

Als ich jedoch versuchte aufzustehen, hatte ich zunächst das Gefühl, als würden mich meine Beine nicht mehr tragen. Jamal griff mir unter die Arme, und nach einigen Schritten fühlte ich mich wieder sicherer auf meinen Füssen. Als wir durch die Glastür der Notaufnahme traten, saß ein Kommilitone von mir am Arzttisch. Wir hatten zur gleichen Zeit das Staatsexamen absolviert, und er hatte sofort danach mit dem Praktischen Jahr angefangen.

Ausgerechnet er, dachte ich mir, als ich ihn sah. Während des Studiums hatte er auf mich sehr arrogant gewirkt, weil er sich gerne lauthals über die Studenten lustig machte, die in Prüfungen durchgefallen waren.

„Es ist doch alles so easy", hieß sein Standardsatz. Doch für mich war es jetzt nicht easy, ihm auf die Nase zu binden, daß ich HIV-positiv bin. Außerdem war es mir peinlich, bloß wegen Schüttelfrost in der Notaufnahme der Uniklinik zu erscheinen.

„Hey. Was ist denn mit dir los?" fragte er mich gleich lauthals, als er mich, wie eine alte Frau auf Jamals Arme gestützt, hereinkommen sah. Seine Stimme war so durchdringend, daß der ankommende Krankenpfleger, welcher mich vom Sehen kannte, sofort auf mich aufmerksam wurde.

Mir kam es erst jetzt in den Sinn, daß es ein Fehler war, nach Eppendorf zu kommen, da mich hier die meisten Mitarbeiter kannten. Das Fieber hatte zuvor meine Gedanken lahmgelegt, und nun war es zu spät. Wir standen vor dem Schreibtisch meines Kollegen. Hilfesuchend sah ich mich nach einem Stuhl um. Der Schweiß lief mir den Rücken herunter, und meine Knie begannen leicht zu zittern.

„Wir waren bis vor drei Wochen in Indonesien", fing ich zu berichten an. Plötzlich wurde mir schwindlig und schwarz vor Augen. In meinem Kopf begann es zu rauschen und zu hämmern. Der Krankenpfleger hatte bemerkt, daß ich mich kaum mehr auf den Beinen halten konnte und brachte schnell einen Stuhl aus dem Gang. „Wollen Sie sich nicht setzen?" fragte er mit einer warmen Stimme. Im Sitzen ging es mir gleich wieder besser, und ich bedankte mich für seine Aufmerksamkeit.

„Heute bekam ich plötzlich Schüttelfrost und Fieber", fuhr ich fort. „Ich möchte mich auf Malaria testen lassen." Ich kam mir selbst lächerlich vor mit dieser Antwort. Er konnte sein spöttisches Grinsen nur schwer verbergen.

Ich hoffte für ihn, daß ihm das vor anderen Patienten nicht genauso passierte. Mir fiel es ohnehin schwer, jemand von meiner Infektion zu erzählen, doch seine ironische Art verstärkte meine Hemmungen. Ich bekam Angst, daß er mich jetzt wegschickte. Ein Test auf Malaria war nicht unbedingt ein Aufnahmegrund in der Abteilung für Innere Medizin. Er hätte mich genausogut an das Tropeninstitut verweisen können. Beim Gedanken daran wurde mir noch unwohler.

In diesem Fieberzustand wollte ich nicht gerne Jamals Freunde besuchen. Wir hatten nirgends eine Wohnung. Wo sollten wir hin?

„Soll ich ein Bett richten?" mischte sich der Krankenpfleger erneut ein, als ob er bemerkt hätte, was in mir vorging. „Doch, doch", bemerkte mein Kollege zerstreut, und ich fühlte mich wieder erleichtert.

„In Indonesien warst du also. Wie lange denn?" Seine Fragen nervten mich. „Gut drei Monate", antwortete ich widerwillig.

„Und seit wann bist du wieder hier?" bohrte er weiter, obwohl ich das schon erwähnt hatte. „Seit drei Wochen. Ich habe zwar die Malariaprophylaxe hier auch noch zwei Wochen weiter genommen, doch wir haben uns auf Resochin[1] beschränkt." Er schien den Malariaverdacht mittlerweile ernster zu nehmen. „Dagegen sind ja viele inzwischen resistent. Ich glaube, wir sollten doch einen dicken Tropfen auf Malaria abnehmen."

Sein „doch" verriet mir, daß er mich nicht ganz ernst genommen hatte. Inzwischen ging es mir auch besser. Ich merkte, daß das Fieber gefallen war. Der Schweiß hatte meine Haut gekühlt und sie fühlte sich jetzt angenehm warm an. Die hämmernden Kopfschmerzen hatten nachgelassen, und ich konnte wieder klar denken und meine Umgebung voll wahrnehmen.

Es war ein eigenartiges Gefühl für mich in der Klink, in der ich fast fünf Jahre lang gearbeitet und immer an der anderen Seite des Bettes gestanden hatte, plötzlich selbst unter die weiße Bettdecke zu kriechen und eines dieser weißen Engelshemden gereicht zu bekommen, welche hinten offen waren. Meine eigene Kleidung war vollkommen vom Schweiß durchtränkt. Ich begann wieder zu frieren, und der Pfleger klebte mir mein Hemd hinten mit Pflaster zu, damit es am Rücken nicht so kalt war. Weder Jamal noch ich hatten daran gedacht, meine Kleidung mitzunehmen.

Mir erschien es unwirklich, selbst die ganze Aufnahmeroutine als Patient mitzuerleben. Ich mußte einen grotesken Anblick geboten haben, als ich mit Lederstiefeln und dem kurzen Flügelhemd auf wackligen Beinen über den Gang zur Toilette ging, die Röhrchen für Stuhl und Urin in der Hand.

„Was hast du denn da an?", fragte Jamal und blickte auf meine nackten Knie. „Im weißen Mini, das sieht ja heiß aus", lachte der Pfleger.

Unterwegs zum Röntgen begann wieder der Schüttelfrost. Alles schien sich wie im Zeitlupentempo dahinzuziehen, bis ich wieder unter die warme Decke ins Bett kriechen konnte. Doch mir blieb keine Gelegenheit, mich aufzuwärmen. Der Krankenpfleger kam mit einem Tablett herein, auf dem eine Braunüle lag. Er hatte

---

[1] Resochin = gängiges Mittel zur Malariaprophylaxe, gegen das inzwischen viele Resistenzen bestehen.

keine Handschuhe dabei. Ich warnte ihn, daß ich eine Hepatitis B hätte und mein Blut infektiös sei. Er beschränkte sich nur auf Blutdruck, Puls und Fiebermessen und schickte meinen Kommilitonen wieder zu mir.

„Eine Hepatitis B? Wo hast du dir denn so etwas zugezogen?" fragte er neugierig. „Bei der Arbeit als Nachtwache", flunkerte ich. „Soso", kommentierte er, und ich beeilte mich, ihm eine Frage zu stellen, um ihn von diesem Thema abzubringen. „Wozu brauche ich überhaupt eine Braunüle?"

Meine Stimme klang vorwurfsvoll. Ich dachte wieder an die Situationen, die ich mit Ärzten und Krankenschwestern erlebt hatte, die selbst zum Patienten wurden. Jetzt verhielt ich mich genauso.

„Alles Routine", meinte er und beklopfte meine marmorierte, kalte Hand. Er versuchte auf beiden Seiten ohne Erfolg. „Es tut mir leid", entschuldigte er sich. „Gleich kommt der diensthabende Arzt. Da lasse ich besser ihn heran."

In diesem Moment trat auch schon einer der Assistenzärzte durch die Tür, den ich durch meine Famulatur und die Arbeit als Nachtwache kannte. Frau Stahl hatte ihn immer als Professor Schneiders Liebling bezeichnet, weil er sehr strebsam und tief mit seinen Forschungsarbeiten verwurzelt war. Ich war froh, als er meinen Kommilitonen ablöste.

Der Schüttelfrost setzte wieder ein, und meine Zähne klapperten, als ich den Assistenzarzt über meine HIV-Infektion aufklärte. Er versprach mir, daß alles streng vertraulich gehalten würde und daß er morgen mit Professor Schneider reden würde, ob ich zu ihm auf die Privatstation kommen könnte. Er war sehr betroffen und untersuchte mich gründlich, was sehr schwierig war, denn ich zitterte am ganzen Körper. Als er mir einen Zugang legen wollte, war noch immer keine Vene zu finden, doch er ließ nicht locker, bis ich am Ende an beiden Armen aussah, wie nach einer schlechten Akupunktur und noch immer keine brauchbare Braunüle hatte. Mein Puls jagte, und ich bekam kaum Luft.

„Sie hyperventilieren. Atmen Sie langsamer", rief er mir zu.

Jetzt hält er mich auch noch für hysterisch, dachte ich mir. Er tat mir leid, denn ich kannte dieses Gefühl, wenn es nicht gelingt, eine Braunüle zu legen. Hingegen konnte ich dieses überdrehte Sicherheitsbedürfnis, jedem Patienten, der stationär aufgenommen wurde, routinemäßig eine Braunüle zu verpassen, nicht akzeptieren. In diesem Moment war ich zu erschöpft, um zu reagieren. Ich kam mir vor, wie nach einem Marathonlauf. Aus den vielen Einstichstellen lief das Blut. Hoffentlich kommt jetzt niemand damit in Berührung, dachte ich mir.

Endlich ließ sein Ehrgeiz nach und er überließ dem Pfleger die Aufräumarbeiten. „Vorsicht", mahnte ich ihn nochmal besorgt, als er das Tablett mit den vielen Nadeln forttragen wollte. „Schon gut. Ich weiß schon", antwortete er in ruhigem Ton. Ob er es wirklich wußte? Was war, wenn mein Kommilitone nun den Aufnahmebogen in die Hände bekam? Er würde ihn bestimmt lesen. Konnte ich mich wirklich auf die Schweigepflicht verlassen? Während ich diesen Gedanken nachhing, ging plötzlich jemand an der offenen Tür vorbei, mit dem ich in einem wissenschaftlichen Projekt zusammengearbeitet hatte. Er hatte Nachtdienst und war zu einem Notfall in die Aufnahme gerufen worden. Er hatte mich im Vorbeigehen erkannt und kam zurück, um mich zu begrüßen. Ich konnte wegen des Schüttelfrosts noch immer kaum sprechen, und er wollte mich am nächsten Tag nochmal besuchen. Hoffentlich fragt er nicht vorne in der Notaufnahme nach, was mir fehlte. Ich wollte nicht, daß er erfuhr, daß ich positiv bin.

Als ich am nächsten Morgen aufwachte, fühlte ich mich gleich viel besser. Das Fieber war gefallen und ich ärgerte mich fast, daß ich überhaupt ins Krankenhaus gegangen war. Eine Krankenschwester kam mit forschem Schritt ins Zimmer. „Guten Morgen. Sie werden gleich auf die Privatstation von Herrn Professor Schneider verlegt", teilte sie mir aufmunternd mit.

Ich hatte von ihm noch immer keine Antwort auf meinen Brief erhalten. Allerdings wäre ich lieber auf andere Art mit ihm in Kontakt gekommen. Ich kannte seine Station gut, weil ich auch dort vorher öfters als Nachtwache gearbeitet hatte.

Hier war es mir angenehm, daß den Krankenschwestern und Ärzten bereits angekündigt worden war, daß ich HIV-positiv war. Ich wußte, wie hier mit Infektionskrankheiten umgegangen wurde. Die Stationsärztin war mir durch meine Famulatur schon vertraut und sehr sympathisch. Im Gespräch mit ihr empfand ich keine Hemmungen, offen über alles zu sprechen, vielleicht auch, weil sie eine Frau war. Ruhig hörte sie mir ohne lästige Nachfragen zu. Ich fühlte mich erleichtert, endlich in einer solchen Atmosphäre sprechen zu können.

Während ich ihr meine Symptome schilderte, fiel mir auf, daß mein Vater vor ein paar Tagen die gleichen Beschwerden hatte, die spontan nach zwei Tagen abgeklungen waren. Genauso geschah es auch mit mir. Einen Tag später fühlte ich mich wieder vollkommen gesund. Dennoch wurde ich durch die Mühle der intensiven Diagnostik geschleust. Zu meiner Enttäuschung stellte ich fest, daß meine Haut in einem Test schon keinerlei Abwehrreaktion auf Reizstoffe mehr zeigte und mein Immunsystem, zumindest insofern es sich anhand der T-Zellen in Zahlen messen läßt, schon geschwächt war. Doch ich fühlte mich nicht so, und das war für mich wichtiger als die Laborwerte.

Am Vormittag des zweiten Tages kam Professor Schneider mit auf Visite. Ich hörte, wie sie sich lange im Team draußen besprachen. Er bat meine Mitpatientin zunächst hinaus. „Morgen bekommen Sie ein Zimmer für sich alleine", versprach er mir. Mir war der ganze Aufwand peinlich, den ich scheinbar wegen eines banalen bakteriellen Infektes verursacht hatte.

Er tat, als hätte ihn mein Brief damals nicht erreicht. Während er mich zunächst grob nachuntersuchte, sprach er in einem sehr warmen Ton mit mir. Viele Studenten stöhnten über ihn, weil er sich meistens sehr hart und streng zeigte. Ich mochte ihn jedoch. Für mich hatte er eine besondere Ausstrahlung, ja fast etwas Väterliches. Er verlangte ein hohes Niveau und viel Einsatz von seinen

Assistenten, doch gerade das gefiel mir, denn seine Freude an der Medizin spornte mein Engagement an.

Oft hatte ich auch seine gut strukturierten Seminare besucht und viel von ihm gelernt. In den gemeinsamen Visiten während meiner Famulatur ließ er erkennen, daß er gerne mit mir zusammenarbeitete. „Sie werden bestimmt einmal eine gute Ärztin", lobte er mich, und meine Kollegen raunten mir zu, daß ich bei ihm später bestimmt eine Stelle in Aussicht hätte. Insgeheim hegte ich auch den Wunsch, mich nach dem Studium in seiner Abteilung zu bewerben. Dort hätte ich bestimmt die Gelegenheit, eine freie Forschung zu betreiben. Ich hatte ihn als gründlich, kritisch und zugleich aufgeschlossen erlebt.

Aus der sorgfältigen Anamnese der Stationsärztin hatte Professor Schneider aufgeschnappt, daß ich in Kalifornien gewesen war. „Haben Sie sich in Kalifornien vielleicht irgendwelche Mückenstiche zugezogen?" fragte er mich mit einem leicht ironischem Unterton. Ich sah, wie sein Oberarzt sich nur schwer das Grinsen verkneifen konnte. „Ich kann mich nicht so genau daran erinnern. Vielleicht schon den ein oder anderen, doch vor den Fenstern der Gebäude befanden sich immer Fliegengitter", antwortete ich und war gespannt, worauf seine Frage hinauszielte.

„Vielleicht wird HIV doch von den Stechmücken übertragen", schmunzelte er. Ich fühlte mich verunsichert, ob er diese Bemerkung ernst meinte oder nicht. „Ich meine das ganz im Ernst", fügte er hinzu. „Diese Frage wird zur Zeit wissenschaftlich debattiert."[2]

„Ich halte das eher für unwahrscheinlich", antwortete ich ihm, während ich mich in meinem Bett aufrecht hinsetzte und die Beine übereinanderkreuzte, um nicht weiter aus dem Liegen zu der versammelten Mannschaft aufblicken zu müssen. „Fünf Monate nachdem ich in Kalifornien war, stellte sich mein Blut anläßlich einer Blutspende als negativ heraus."

---

[2] Anm.: Inzwischen wird dieser Infektionsmodus abgestritten.

Er blickte mich mißtrauisch an. „Wieso gingen Sie zur Blutspende?" Ich fühlte mich wie im Verhör vor Zuschauern. „Im Mikrobiologieunterricht wurden wir über den Mangel an Einzelspendern für Thrombozytenkonzentrate hingewiesen. Ich arbeitete zu dieser Zeit in der Hämatologie und hatte dies dort mitbekommen. In den letzten Jahren ging ich immer regelmäßig zum Blutspenden, doch dann wurde ich wegen meiner niedrigen Hämoglobinwerte abgelehnt. Ich dachte, ich könnte dann wenigstens Thrombozyten spenden. Ausnahmsweise wurde das einmal akzeptiert, doch ich sollte nicht weiterspenden, weil auch hierzu ein bestimmter Hämoglobinwert vorausgesetzt wurde. Sonst wüßte ich jetzt bestimmt genauer, wann ich mich infiziert habe."

Ich erinnerte mich noch genau an die Vorsorgeuntersuchung, in der dies alles auf meiner Spenderkartei vermerkt wurde.

„Und warum haben Sie sich letzten Herbst auf HIV testen lassen?" forschte er weiter. In diesem Moment wurde mir zum ersten Mal bewußt, wie sich Patienten wohl oft während solcher Chefarztvisiten fühlten, wenn intime Fragen von oben herab an sie gestellt wurden, mit der weißgekleideten Rückendeckung im Hintergrund. Ich war erschrocken, wie hierarchisch die Atmosphäre der Visite aus der Sicht als Patientin auf mich wirkte.

Nochmals wiederholte ich wie inzwischen schon so oft die Geschichte von Jamal und seinem Freund Tom mit der AIDS-Phobie.

„Es kann übrigens trotzdem noch sein, daß Sie es von den Stechmücken haben", beharrte Professor Schneider. „Die Latenzzeit zum positiven HIV-Test beträgt oft sechs Monate und mehr. Am wahrscheinlichsten ist es jedoch, daß das Virus durch sexuelle Kontakte übertragen wurde."

Also doch, dachte ich mir. Jetzt fing er wie im Sexualkundeunterricht bei den Bienen an, um dann auf sein eigentliches Anliegen zu kommen. „Das kann nicht sein. Mein Mann ist negativ und außer zu ihm hatte ich vor fünf Jahren zum letzten Mal mit jemand anderen intimen Kontakt." Trotzdem beharrte er auf seiner Fährte. „Vielleicht war ihr Partner von vor fünf Jahren HIV-infiziert. Manche nehmen sogar an, daß die Latenzzeit für einen positiven Test bis zu drei Jahre betragen kann."

Mir kam es inzwischen vor, als ob er mit allen Mitteln nach einer anderen Erklärung für meine Infektion suchte. „Halten Sie das nicht eher für unwahrscheinlich? Wir haben nur einmal miteinander geschlafen. Ich kenne ihn gut, und wir haben noch immer Kontakt zueinander, und er scheint ganz gesund zu sein. Er ist weder homosexuell noch drogenabhängig. Er studierte damals zwar Medizin, aber er war noch in der Vorklinik und hatte noch nie mit Blut zu tun gehabt."

Ich versuchte, ihm ein Stichwort zu geben, um auf die beruflichen Risiken zu sprechen zu kommen. Aber er griff es nicht auf.

„Sie können nur sichergehen, wenn er sich auch testen läßt", behauptete er. Inzwischen warf ihm das ganze Team verwunderte Blicke zu.

„Halten Sie es in meinem Fall nicht für wahrscheinlicher, daß ich mich bei der Arbeit in der Klinik angesteckt habe?" fragte ich ihn nun direkt. Er trat einen Schritt von meinem Bett zurück. „Wenn Sie darauf hinauswollen, ich halte das für sehr unwahrscheinlich, und weltweit wird es so beschrieben. Bei den wenigen Fällen, die anerkannt worden sind, sind größere Mengen nachweislich HIV-positiven Blutes übertragen worden. Wenn Sie damit andeuten wollen, daß Sie einen Prozeß als Berufskrankheitsverfahren anstreben, dann schlagen Sie sich das besser gleich aus dem Kopf. Dabei verschwenden Sie nur Ihre Energie."

Ich fühlte mich vollkommen mißverstanden. Bis zu diesem Moment hatte ich überhaupt nicht daran gedacht, meine HIV-Infektion als Berufskrankheit geltend zu machen.

„Darum geht es mir gar nicht. Ich brauche jetzt meine Energie für etwas anderes. Sie wissen doch, worum es mir geht", deutete ich an. Über dieses Thema wollte er allerdings nicht vor versammelter Mannschaft sprechen. „Wir sprechen uns später nochmal", brach er ab.

Nachdem sich die Tür hinter der Visite geschlossen hatte, fühlte ich mich sehr aufgewühlt. Jemand, den ich sehr bewunderte und verehrte, hatte mich als Lügnerin dargestellt. Vielleicht fällt es ihm selbst schwer, einzugestehen, daß sich jemand in seiner Abteilung bei der Arbeit infiziert hatte. Ich mußte Fakten aufweisen, um andere davon zu überzeugen, daß es sonst keine andere Möglichkeit gab. Wie konnte ich beweisen, daß bei mir keine privaten Gefahrenquellen in Betracht kamen?

Da ich mich wieder körperlich wohlfühlte, besuchte ich die Fachbibliothek der Klinik, um die Literatur durchzusehen. Ich fand eine Bestätigung dessen, was ich während der Visite gehört hatte. Dann rief ich in der Blutbank an, um eine schriftliche Bestätigung des negativen HIV-Testes bei der Blutspende zu erhalten. Am Telefon meldete sich die Ehefrau des Betreuers meiner Doktorarbeit. Doch inzwischen hatte ich einige Hemmungen abgelegt und konnte direkt auf mein Anliegen zu sprechen kommen. Geduldig ließ ich es über mich ergehen, von einer an die andere Stelle weiterverbunden zu werden.

Zuletzt sprach ich mit jemandem, den ich nicht kannte. Doch er schien mit meiner Situation bereits bestens vertraut zu sein. „Wir haben uns hier schon viele Gedanken gemacht, wo Sie sich möglicherweise infiziert haben könnten", gestand er mir. Ich erschrak. Doch irgendwie lag in der Stimme dieses Mannes ein gewisses Wohlwollen.

„Natürlich waren Sie uns nur anonym bekannt", fuhr er fort, und ich war wieder erleichtert. „Haben Sie sich gegen Hepatitis B impfen lassen?" erkundigte er sich weiter. „Ja. Ich mußte mich sogar nachimpfen lassen, da ich nach der ersten Serie keinen ausreichenden Schutz entwickelt hatte." Doch darauf wollte er nicht hinaus. „Wissen Sie noch, wann das war?" fragte er weiter. Ich gab ihm die Daten an. „Nein. Dann kommt diese Möglichkeit nicht für Sie in Betracht", murmelte er leise.

Da wurde ich hellhörig. „Von welcher Möglichkeit sprechen Sie?" bohrte ich nach. Er druckste zunächst um eine Antwort herum. „Kommt es Ihnen darauf an, ob ich früher oder später geimpft wurde?" versuchte ich ihm zu entlocken.

„Sie sind schon mit dem neuen Impfstoff geimpft worden. Da bestand keine Gefahr. Die alten Impfseren waren noch von mehreren Spendern gewonnen. Meist aus Ländern der Dritten Welt mit einem hohen Durchseuchungsgrad. Sie waren nicht hundertprozentig virussicher." Mir stockte der Atem bei dieser Vorstellung. „Es kann also sein, daß sich viele Menschen durch die Hepatitisimpfung, die vom Betriebsarzt empfohlen wurde, HIV-infiziert haben", folgerte ich.

„Immerhin war es eine Möglichkeit, die wir bei Ihnen in Erwägung gezogen haben. Im Ganzen ist es jedoch eher unwahrscheinlich, sich durch eine Hepatitisimpfung zu infizieren."

Nach diesem Gespräch war ich entsetzt, wieviel wichtige medizinische Informationen der Öffentlichkeit vorenthalten wurden. Durch meine Doktorarbeit hatte ich zwar schon kennengelernt, mit welchen unsauberen Mitteln die medizinische Forschung zum Teil arbeitete, doch diese Geschichte war schlichtweg kriminell. Uns wurde die Hepatitisimpfung während der Vorlesungen empfohlen. Es wurden Flugblätter verteilt, in denen für die teure Impfung geworben wurde. Bestimmt hätte mich keiner gewarnt, wenn ich noch mit dem alten Impfstoff behandelt worden wäre.

Außerdem wurde diese Impfung hauptsächlich bei Beschäftigten im Gesundheitswesen durchgeführt. Wenn ich mir vorstellte, daß diese Menschen nun ahnungslos vielleicht andere anstecken konnten und erst dann, wenn bei ihnen eine AIDS-Symptomatik ausbrach, erkannten, was mit ihnen los war. Nach so vielen Jahren würde es schwer sein, überhaupt an den Zusammenhang mit der Hepatitisimpfung zu denken, geschweige denn nachzuweisen.

Die Bevölkerung über diesen Skandal in Unwissenheit zu lassen, war eine geschickte Taktik.

Wer ließ sich schon testen, wenn er nicht irgendwo eine Ansteckungsquelle vermutete, und schon damit wurde man an erster Stelle verdächtigt, sich privat infiziert zu haben, wie ich heute am eigenen Leib gespürt hatte.

An diesen Massenimpfungen im Gesundheitswesen verdienten sich die Pharmafirmen eine goldene Nase und konnten sich anschließend vielleicht nochmals an einer Impfung gegen HIV bereichern.

Was konnte ich tun? Ich war jetzt Mitwisser und fühlte mich auch mitverantwortlich. Bevor sich jedoch eine unnötige Panik in der Bevölkerung ausbreitete, mußte ich erst einmal wissen, wie hoch die Risiken des Impfstoffes überhaupt waren. Wie sollte ich überhaupt erklären, daß ich an diese Informationen herangeraten war? Alleine konnte ich nichts tun. Ich mußte mit jemanden darüber reden, der sich in einer Position befand, in der er an genauere Informationen herankommen konnte. Meine Stimme als Medizinstudentin hatte in der Öffentlichkeit kein Gewicht. Inzwischen baute ich nicht mehr auf die Hilfe von Professor Schneider.

Ich sprach mit Jamal, was ich an jenem Morgen alles erfahren hatte. „Ja, aber du bist doch nicht davon betroffen, von diesem Impfstoff. Was willst du denn dagegen tun? Das ist eine Angelegenheit derjenigen, die so was gemacht haben."

Seine Reaktion verärgerte mich. Solch ein Standpunkt war meiner Meinung nach dafür verantwortlich, daß Verbrechen, wie der Handel mit Impfstoffen, die Menschenleben in Gefahr bringen konnten, möglich wurden. Die nicht unmittelbar Betroffenen sahen darüber hinweg, solange es sie nicht selbst anging.

„Du kannst die Welt nicht retten. Ich glaube, es ist wichtiger, daß du zunächst mit dem anfängst, was dich selbst betrifft. Du mußt dich um deine Gesundheit kümmern", predigte mir Jamal.

Seine Worte nervten mich und ich wurde innerlich sehr agressiv und angespannt. Diese Sätze waren mir aus dem Mund meiner Mutter bereits bestens vertraut und schon damals reagierte ich sehr allergisch darauf. Ich schwieg zunächst. Ein weiteres Wort hätte genügt und ich wäre explodiert. Jamal kannte mich gut und sprach nicht weiter.

Geladene Stille herrschte im Raum. Auch von Jamal fühlte ich mich alleine gelassen. Ich fühlte mich zu schwach, gegen diese Mafia anzugehen. Im Grunde hatte Jamal recht. Ich mußte erst bei mir selbst anfangen und meine eigenen Aufgaben erledigen. Vielleicht würde ich es später schaffen, diese Machenschaften aufzudecken, aber darauf kam es zunächst nicht an. Allmählich entspannte ich mich wieder.

Jamal sah mich mit seinen liebevollen Augen an und schwieg geduldig. Mir wurde klar, daß er nicht die Verbrechen verteidigen wollte, sondern daß es ihm jetzt um mich ging.

„Okay. Vielleicht hast du recht", gab ich kleinlaut bei.

„Was ist überhaupt mit dir los, daß sie dich so lange hierbehalten? Ich verstehe das Ganze nicht. Du bekommst keine Medikamente. Was machen sie denn noch mit dir?" fragte Jamal mißtrauisch. „Eigentlich geschieht nichts Aufregendes mehr. Sie beobachten mich nur noch aus diagnostischen Zwecken. Doch wie du siehst, hat sich alles in ein Nichts aufgelöst, genau wie bei meinem Vater. Ich möchte die Stationsärztin fragen, ob ich entlassen werden kann."

Da ich sie erst am späten Nachmittag wieder sprechen konnte, nutzten Jamal und ich die Zeit, um das Krankenhaus aufzusuchen, wo ich in der Chirurgie famuliert hatte. Wir wollten nach dem Namen des Patienten forschen, während dessen Operation ich in den Finger geschnitten wurde.

Auf der Station freuten sich die Schwestern über meinen Besuch. Ich mochte die Wiedersehensfreude nicht durch meine traurige Angelegenheit trüben und erzählte ihnen, daß ich mir eine Hepatitis B zugezogen hätte. Doch auch damit schlug mir schnell Mitleid entgegen.

Ich wurde mit meinem Anliegen an den Betriebsarzt verwiesen, da ich nur mit seiner Erlaubnis Einblick in die alten OP-Listen erhalten konnte. Als die Liste vor mir lag, war es mir allerdings unmöglich, den Namen des entsprechenden Patienten genau zu identifizieren. Es kamen mehrere in Frage.

Ich war froh, daß ich dem Betriebsarzt gleich reinen Wein eingeschenkt hatte und offen mit ihm sprechen konnte. „Wenn Sie sich nicht sicher sind, wer genau in Frage kommt, dann wird es schwierig sein; wir können nicht mehrere Personen auf einen vagen Verdacht hin testen, denn vier Monate später waren Sie schließlich HIV-negativ", erklärte er mir mit Bedauern.

„Sind Ihnen in Ihrem Krankenhaus bisher Fälle von vermutlich beruflichen HIV-Infektionen begegnet?" erkundigte ich mich neugierig. „Darüber darf ich Ihnen keine Auskunft geben. Aber Sie kennen doch die offiziellen Zahlen", gab er zur Antwort.

„Lassen sich denn überhaupt die gefährdeten Personenkreise testen?" forschte ich weiter. „Ich kann mich an die Zeit erinnern, in der ich in der Chirurgie gearbeitet habe, daß oft von AIDS die Rede war, aber viele Angst hatten, sich testen zu lassen." Er nickte mir zu. „Viele lassen sich testen. Doch dann trauen sie sich nicht, das Ergebnis abzuholen", gestand er ein.

Ich war verblüfft. „Doch wie reagieren Sie denn, wenn jemand positiv ist und nicht mehr von sich aus zu Ihnen kommt?" Ich sah ihm ins Gesicht, doch ich konnte an seiner Mimik nicht ablesen, ob er jemals in diesen Konflikt geraten war. „Das bleibt wiederum mein Berufsgeheimnis", gab er mir zu verstehen.

Was auch immer diese Antwort bedeutete, mir wurde klar, daß ich auf dieser Fährte nicht weiterkam. Ich hielt es selbst für unwahrscheinlich, daß ich mich bei dieser Operation infiziert haben sollte. Mit letzter Sicherheit konnte ich es allerdings nicht ausschließen, ob nicht ausgerechnet dieser Mann positiv war.

Zurück auf der Station in der Uniklinik Eppendorf hatte man mir ein Einzelzimmer besorgt. Die Stationsärztin kam später herein und entschuldigte sich bei mir für das Gespräch während der Visite. „Ich glaube, daß ihm das alles persönlich sehr nahe geht. Schließlich habe ich in seiner Abteilung gearbeitet", meinte ich zu ihr. „Ich glaube auch, daß er deshalb so reagierte", stimmte sie mir zu.

„Mir selbst geht es inzwischen wieder gut. Kann ich nicht entlassen werden?" fragte ich vorsichtig. Sie hob ihre Schultern. „Von mir aus schon. Nur der Chef hat nach der Visite diskutiert, daß er morgen noch ein CT haben wollte."

Das schien mir allerdings suspekt. „Ein CT? Aber wieso denn das? Vermutet er denn noch etwas anderes?" fragte ich skeptisch. „Nein", beruhigte sie mich, „er will es nur der Vollständigkeit halber."

Es kam mir vor, als würde der ganze Fuhrpark an technischen Mitteln aufgeboten, so, als wolle man sich selbst das Gefühl vermitteln, alles getan zu haben. „Warum ist es nötig, ohne Verdachtsdiagnose ein teures CT anzufertigen? Was verspricht er sich davon? Dadurch werde ich nur einen Tag länger hiergehalten. Ich möchte nach Hause", protestierte ich heftig.

„Ich verstehe das gut", beruhigte sie mich sanft. „Auch ich sehe nicht ganz ein, warum ein CT gemacht werden soll. Ich werde morgen noch einmal mit ihm sprechen. Ich glaube, er will Sie auch noch einmal sehen." Auch ich hatte das Bedürfnis, unser abgebrochenes Gespräch weiterzuführen, und akzeptierte ihren Vorschlag.

Während ich alleine in dem großen Zweibettzimmer lag, wurde mir bewußt, wie sehr das Virus begann, in unser Leben einzugreifen. Wir hatten begonnen, uns selbst zu isolieren und bauten ein Konstrukt aus Notlügen auf. Jamal hatte seinen Freunden erzählt, daß ich noch bei meinen Eltern zu Besuch wäre. Auch ich mochte keinen meiner Freunde in Hamburg anrufen. Ohne wieder auf Ausreden zurückzugreifen, hätte ich nicht erklären können, warum ich wegen einer banalen Infektion ins Krankenhaus gegangen war.

Der Kollege, der mich am ersten Abend in der Ambulanz gesehen hatte, war außer Jamal der einzige Besuch gewesen. Ich blickte auf die rote Rose, die er mir bei seinem Besuch am nächsten Morgen mitgebracht hatte. Als er mich fragte, was mir fehlte, erzählte ich ihm von dem Malariaverdacht. Ich hatte nicht den Eindruck, daß er weiteres wußte, und wir führten ein unbedarftes Gespräch.

Als ich nach meiner Entlassung aus der Klinik meinen Freunden und Bekannten begegnete, mußte ich einen Vorwand finden, um zu erklären, warum wir früher als vorgesehen von unserer

Reise zurückgekehrt waren und nun wieder nach Frankfurt wollten. Aber auch das ließ sich mit den organisatorischen Dingen, die wir in Frankfurt zu erledigen hatten, plausibel machen.

Im Grunde gehörten wir zur Zeit nicht nach Hamburg. Wir hatten unsere Wohnung aufgegeben und hatten in Deutschland keine Bleibe. Wir waren ganz auf eine weite Reise eingestellt. Das Virus hatte alle unsere Pläne durchkreuzt.

15. Keine Kinder

Auch unser Traum von einer großen Familie war zerstört. Vor Jamals Test hatte ich eine Phase unerträglicher Schuldgefühle durchlebt, in der ich mich innerlich als Mörderin verurteilt hatte. Nun war es nicht mehr möglich, Jamal nochmals einer Gefahr auszusetzen, um Kinder zu zeugen.

Außerdem hatte ich am Morgen in der Bibliothek gelesen, daß das Infektionsrisiko für das Kind bei fünfzig Prozent liegt, falls die Mutter HIV-positiv ist.[1]

Jamal hatte das alles akzeptiert, und wir hatten uns darauf geeinigt, Kinder zu adoptieren, doch dabei hatten wir unsere Rechnung ohne die Gesetze aufgemacht.

Zuvor hatten wir uns noch nicht mit dem Procedere einer Adoption auseinandergesetzt und ahnten nur, was für ein langwieriges und kompliziertes Verfahren es war. Als ich das Antragsformular dann in der Hand hielt, und mir die Bedingungen durchlas, bekam ich einen Schreck. Ich hätte unterzeichnen müssen, nicht an einer lebensbedrohlichen Krankheit zu leiden.

Dann fiel mir ein, daß ich genaugenommen nicht krank war und demnach das Formular hätte unterschreiben können. „Lebensbedrohliche Krankheit?" fragte ich ironisch nach. „Das ganze Leben ist eine lebensbedrohliche Krankheit. Wie soll jemand denn so etwas unterschreiben?"

Die Angestellte beim Jugendamt versuchte, mir die Formulierung zu erläutern. „Hierbei legen wir die gleichen Regeln zu-

---

[1] Anm.: Inzwischen wird das Risiko auf 25–30% geschätzt.

grunde, wie sie für den Abschluß einer Lebensversicherung gelten. Sie benötigen ein ärztliches Attest" erklärte sie mir.

Keine Lebensversicherung hätte mich angenommen, wenn ich meinen HIV-Status bekanntgegeben hätte. Unsere Hoffnungen auf Familie waren zunächst zerschlagen worden.

Ohne das Wissen um das Virus in meinem Blut würden wir jetzt bestimmt immer noch unbesorgt durch Indonesien reisen, und nie hätte ich mir wegen eines zweitägigen Fieberschubs so viele Gedanken gemacht.

Bis jetzt waren die Erlebnisse nur zermürbend. Ich mußte lernen, mit einem neuen Bewußtsein zu leben und die Freiräume, die mir in Zukunft blieben, zu erkennen und wahrzunehmen. Es gab genug Einschränkungen von außen. Ich mußte mir eine innere Freiheit einräumen und mich nicht von der Umgebung und den Gesetzen beeinflussen lassen, die mich wie eine Kranke behandelten. Auf diese Weise würde ich unweigerlich krank werden.

Manche Menschen scheinen feste Pläne zu haben und versuchen, ihr Leben genau zu organisieren, so wie meine Schwester, die jetzt schon immer an ihre Rente dachte. Wenn diese Pläne durchkreuzt werden, dann entsteht das Gefühl des Scheiterns, des Mißerfolgs, weil etwas nicht funktioniert hat. Mir war klar geworden, daß das Leben nicht nach Fahrplan verlief. Flexibilität wurde jetzt von mir gefordert und die Bereitschaft, alle meine „Vor-haben" loszulassen und wieder von vorne zu beginnen.

Doch das hieß nicht, daß ich in meinem Leben alle Ziele aufgab und stehenblieb. Auch wenn unser Kinderwunsch unerfüllt blieb, so entstand dadurch für mich ein neuer Freiraum, den ich auf andere Weise kreativ nutzen konnte.

Ich mußte darauf verzichten, Mutter zu werden. Doch gerade dieser schmerzliche Verzicht gab mich gleichzeitig frei, mir eine andere Erfüllung zu suchen. Ich freute mich auf ein Leben als Ärztin. An Stelle jeder Möglichkeit, derer ich beraubt wurde, öffnete sich ein neuer Raum für einen anderen Lebensinhalt.

Diese Vorstellung gab mir eine gewisse Gelassenheit.

16. Angst im Bauch

Entgegen dem Rat von Professor Schneider flog ich mit Jamal zurück in den Irak. Ich fühlte in mir eine starke Geborgenheit. Diesmal konnte ich das Zusammensein in der Familie richtig genießen. Es tat gut, mit den Kindern zu spielen. Ich schloß sie sehr ins Herz. Gleichzeitig freute ich mich auf die neue Zukunft in Frankfurt, die vor uns lag.

Diese Ferienidylle wurde nach ein paar Wochen durch ein neues Problem überschattet. Mitten in der Nacht bekam ich heftige Bauchkrämpfe. Am liebsten hätte ich laut aufgeschrien, doch wir schliefen zu mehreren auf dem Boden in einem Raum zusammen. Zum Glück lag ich an der Tür und brauchte nicht über jemanden zu steigen. Ich versuchte, so leise wie möglich aufzustehen, so daß niemand wach wurde, und öffnete behutsam die knarrende Tür. Fast eine Stunde blieb ich auf der Stehtoilette. Die Durchfälle und Schmerzen kamen nicht zur Ruhe. Ich wollte nicht, daß in der Familie jemand meine Krankheit bemerkte. Die Krämpfe überfielen mich laufend von neuem. Zudem stieß ich blutigen Schleim aus. Mir wurde kalt und immer wieder schliefen mir die Füsse von neuem ein, doch ich wagte mich nicht in den Raum zurück.

In meinen Gedanken malte ich mir Jamals Reaktion aus. Er würde mit Panik reagieren, wenn er davon erfuhr. Ich wollte ihm die Zeit mit seiner Familie nicht verderben. Als ich das Blut sah, war mir der Ernst meiner Lage bewußt. Doch ich versuchte sofort, alles zu verdrängen.

Niemand sah es mir an, wenn ich diese Krämpfe bekam. Mit der Zeit lernte ich, sie durch bestimmte Atemtechniken wegzubekommen. Auch gelang es mir oft, heimlich auf die Toilette zu gehen, so daß es niemanden auffiel, daß ich krank war. Nur Jamals Schwester war aufmerksam geworden. Ich erklärte ihr, ich hätte ein wenig Durchfall, doch es sei nicht so schlimm.

Obwohl ich versuchte, viel zu essen, bemerkte ich an meiner Kleidung, daß ich zunehmend dünner wurde. Nach einigen Tagen ließen die Durchfälle nach. Ich glaubte, schon alles überstanden zu haben.

Bei einem Verwandtenbesuch in einer anderen Stadt bekam ich plötzlich hohes Fieber, und die Durchfälle setzten wieder ein. Mein Darm erschien mir als eine einzige blutige Wundfläche. Jetzt konnte ich meine Krankheit vor Jamal nicht mehr verbergen. Über Nacht trank ich literweise Wasser und schaffte es dadurch, am nächsten Tag aufzustehen, um zu einem Arzt gehen.

Dort hatte ich nach einer Minute mein Rezept in der Hand, und der Kollege ließ sich nicht dazu bewegen, mich näher zu untersuchen. Ich vermutete, daß es sich bei mir um eine Ruhr-Erkrankung handelte. Die Medikamente, die er mir verschrieben hatte, waren bei dieser Diagnose wirkungslos. Das Fieber ging zwar zunächst weg und die Durchfälle ließen etwas nach, doch die Bauchkrämpfe blieben.

Nachts, wenn ich nicht schlafen konnte, dachte ich manchmal, daß dies nun doch der Übergang zur AIDS-Erkrankung sein könnte. Wenn Professor Schneider recht hatte, und ich vielleicht schon viele Jahre vorher HIV-positiv war, dann würde das der Verlaufsstatistik entsprechen, die ich aus den Lehrbüchern kannte. Jamal spürte oft, daß ich nicht schlafen konnte, tröstete mich und umarmte mich fest.

„Ist die Krankheit bei dir jetzt ausgebrochen?" fragte er mich nach ein paar Tagen. „Ich habe solche Angst um dich. Du mußt einfach besser auf dich aufpassen. Wir können nicht mehr reisen. Du siehst ja, wie es ist, wenn du krank wirst. Hier kannst du nicht so einfach zum Arzt gehen. Du darfst ihm noch nicht einmal sagen, was eigentlich mit dir los ist."

„Ich weiß auch nicht genau, was ich habe. Am wahrscheinlichsten ist es Ruhr. Es macht mir auch Angst, daß ich jetzt so oft krank bin. Aber in Deutschland kann mir das genauso passieren. Das Problem ist, daß ich mich hier nicht richtig untersuchen lassen kann. Doch bald fahren wir nach Hause, und dort werde ich sofort zum Arzt gehen."

Irgendwie hielt ich mich die restlichen Tage über Wasser, bis wir nach Hamburg flogen. Dort angekommen, steuerten wir noch am gleichen Tag auf die Uniklinik zu. Es war ein Freitagnachmittag und im Labor hatte das Wochenende schon begonnen. An diesem Tag hatte ein Assistenzarzt Dienst, der damals Familie Muktu auf der Infektionsstation betreut hatte. Er hatte sich damals gewundert, daß ich trotz meiner starken „Grippe" noch ins Krankenhaus kam. „Am besten, Sie machen sich einen heißen Grog und packen sich ins Bett", hatte er mir noch geraten. Keiner von uns ahnte, was vermutlich hinter diesem Infekt steckte.

Offen erzählte ich ihm von meiner HIV-Infektion. Ihm war bisher nichts davon bekannt gewesen, was für die vertrauliche Behandlung von Herrn Professor Schneider sprach.

Als ich über das lange Versteckspiel im Irak berichtete, brachen die ganzen verschwiegenen Ängste und Schmerzen auf einmal aus mir heraus. Die Tränen befreiten vieles in meinem Innern.

Die Angst, daß uns im Irak die Todesstrafe drohte, wenn das Wort HIV in die falschen Ohren geriet, hatte mich am stärksten unter Druck gesetzt. Mehr noch als jene Schmerzen und Durchfälle, die sich wahrscheinlich durch eine gründliche Untersuchung und Gabe der richtigen Medikamente abstellen ließen. Die Isolation, in die ich durch die Angst der Gesellschaft vor AIDS und Ansteckung geriet, hatte mich geschwächt.

In den Augen anderer ein Mensch zu sein, der das Leben seiner Mitmenschen gefährdet, war für mich, die ich Ärztin werden wollte, eine Erfahrung, die mein Selbstwertgefühl, viel mehr noch, meine Menschenwürde verletzte. Dieser Bedrohung gegenüber war ich wehrlos, viel wehrloser noch als gegenüber jenen Mikroorganismen, die sich in meinem Körper ausbreiteten.

Als ich jetzt endlich ohne Angst weinen konnte, fühlte ich mich so erleichtert, daß die körperlichen Symptome wieder erträglich schienen. Jamal und ich konnten wieder frei und offen reden und hatten einen Gesprächspartner gefunden, der uns mit Verständnis zuhörte. Mein Kollege hatte inzwischen viel Erfahrung mit HIV und AIDS. Die Tatsache, daß ich mich aller Wahrscheinlichkeit nach durch meinen Beruf infiziert hatte, bereitete ihm keine Angst, weiter in diesem Bereich zu arbeiten. Er ließ sich nicht von Panik anstecken, sah aber realistisch die Gefahren, denen ich während meiner Arbeit ausgesetzt war.

Auch ihm war durch seine Begegnungen mit sogenannten lebensbedrohlichen Krankheiten die Bedeutung des Lebens ins Bewußtsein gerückt. Darin lagen wir auf einer Wellenlänge.

„Leisten Sie sich den Luxus des Lebens", sagte er zu uns. Ich sah, wie sich Jamals Gesicht während dieses Gesprächs entspannte. Dieser Arzt hatte eine andere Art, auf uns einzugehen. Er hatte im Bewußtsein, daß dieses Problem uns beide anging und daß Jamal mindestens genausoviel Aufmerksamkeit benötigte wie ich. Lange ging er in einem Dialog auf Jamal ein und versuchte, ihm die Angst zu nehmen.

Diese intensive Zuwendung, die Jamal zuteil wurde, stärkte mich mehr als alles andere. Ich brauchte jetzt nur noch einen Ort, an dem ich meine Darminfektion in Ruhe auskurieren konnte. Unser Umzug nach Frankfurt stand bevor. Auf keinen Fall wollte ich jetzt in Hamburg in der Uniklinik stationär bleiben und den Neubeginn des Semesters in Frankfurt versäumen.

Trotz des langanhaltenden Fiebers und der vielen Durchfälle war es mir gelungen, daß ich letzten Endes die anfänglichen Gewichtsverluste fast ausgeglichen hatte und noch genug Kraft verspürte, um erst einmal den Krankenhausaufenthalt hinauszuschieben und mich ambulant in Frankfurt behandeln zu lassen.

Drei Wochen hatte ich schon auf die Möglichkeit gewartet, mich untersuchen zu lassen, jetzt kam es mir auf ein Wochenende nicht mehr an. Während mir diese Gedanken durch den Kopf gingen, schlug mir mein Kollege ebenfalls vor, das Wochenende abzuwarten, da er ohne die Möglichkeit einer eingehenden mikrobiologischen Untersuchung nicht weiterkommen konnte.

Wir kamen auf Professor Schneider zu sprechen. „Er hat mir geraten, ich sollte besser kein Anerkennungsverfahren als Berufskrankheit einleiten, weil ich damit keine Chancen hätte und das Ganze mir nur unnötig Energie rauben würde", erklärte ich ihm. Ich beschrieb ihm, mit wieviel Mißtrauen er meinem Fall gegenüberstand. „Er nimmt an, daß ich mich vielleicht schon lange vor dem negativen Test infiziert habe, weil es Fälle mit außergewöhnlich langen Latenzzeiten gibt. Als ich jetzt diese Durchfälle bekam, hatte ich Angst. Falls er Recht hat, kann es sein, daß vielleicht jetzt schon AIDS bei mir ausgebrochen ist."

Ich stockte bei diesen Worten, denn Jamals Gesicht wurde fahl und bleich. Auch mein Kollege hatte dies bemerkt und unterbrach mich schnell.

„Nun mal langsam. Ich glaube nicht, daß Sie AIDS haben. Es gibt einige extrem seltene Fälle, wo man mit der neuen PCR-Technik[1] nachgewiesen hat, daß sich das Virus angeblich vielleicht schon bis zu drei Jahren im Blut befunden haben mag, wobei der ELISA-Test[2] noch negativ war. Aber ob die PCR-Methode wirklich so genau den Infektionszeitpunkt bestimmen kann, das weiß niemand, und wie gesagt, es ist hier von einem seltenen Fall die Rede. Aber wieso wollen Sie es nicht als Berufskrankheit melden? Was haben Sie zu verlieren?"

Seine Frage stieß bei mir auf offene Türen. „Ich habe dummer-

---

[1] PCR = Polychromase-Chain-Reaction, besonders empfindliche Technik zum Virusnachweis

[2] ELISA = Enzyme-Linked-Immuno-Assay, Routineverfahren zum Nachweis von HIV-Antikörpern, die in der Regel nach 4–12 Wochen, in seltenen Fällen erst nach über 6 Monaten im Serum auftreten. Jedes positive Testergebnis bedarf einer weiteren Abklärung mit einem weiteren Verfahren, dem Western-Blot.

weise im ersten Moment nicht daran gedacht, so etwas anzugehen. Als Professor Schneider mich davor warnte, hat er mich erst auf die Idee gebracht. Inzwischen glaube ich, daß ich genug Energie habe, diesen bürokratischen Prozeß durchzuziehen. Ich weiß nur nicht, an wen ich mich hierzu als erstes wenden kann", antwortete ich ihm und erfuhr, daß ich zunächst einmal zur Betriebsärztin des Uniklinikums Eppendorf gehen sollte, um den Fall zu melden.

Endlich konnte ich mich wieder aktiv mit den inneren und äußeren Folgen meiner HIV-Infektion auseinandersetzen.

Am nächsten Montag begann ich die erste Odyssee durch die Uniklinik Hamburg Eppendorf: einen Tag lang von der Betriebsärztin über ein Sekretariat nach dem anderen bis zum Durchgangsarzt, der schließlich nicht erreichbar war, und dann wieder zur Betriebsärztin, die dann wiederum behauptete, daß das alles schon zu spät sei und ich den Vorfall direkt hätte melden müssen.

So leicht ließ ich mich nicht entmutigen. Inzwischen hatte dieser Prozeß für mich an Bedeutung gewonnen. Die Anerkennung als beruflich erworbene Infektion war nicht nur für mich wichtig, sondern sie würde auch andere Beschäftigte im Gesundheitswesen betreffen und eine Auseinandersetzung der Behörden mit diesem Problem fordern. Ich dachte hierbei insbesondere an den Skandal der Hepatitisimpfung.

Noch in der gleichen Woche begannen wir mit unseren Umzug nach Frankfurt. Dort nahm ich als erstes Kontakt mit der AIDS-Beratung auf, um einen Therapeuten an unserem neuen Wohnort zu finden. Arztbesuche waren vorher etwas Seltenes für mich. Nun wurde es zu einer der ersten Aufgaben bei einem Wohnortwechsel, einen geeigneten Arzt zu finden. Mir wurde klar, daß ich in Zukunft bei jedem Umzug erneut vor diesem Problem stehen würde, und war froh, daß ich nun zumindest für ein ganzes Jahr in einer Stadt bleiben würde.

Die Ärztin in der AIDS-Beratung war sehr ergriffen, als ich ihr von meiner HIV-Infektion und deren näheren Umständen erzählte. Auch sie konnte das Ganze nicht glauben und wollte sich zuerst durch einen erneuten Test davon überzeugen. Zunächst sah sie während unseres Gesprächs bedrückt aus und mußte oft schlucken; doch als ich ihr beschrieb, wie ich mit dem Virus in mir umging, änderte sich ihre Stimmung. Sie unterstützte mich in meiner Absicht, das Studium fortzuführen.

„Ich bewundere, wie Sie damit umgehen", sagte sie. Ihre Worte waren mir peinlich, aber immer noch angenehmer als das Mitleid. Sie kam zum ersten Mal mit jemand aus dem medizinischen Bereich in Berührung, der selbst betroffen war, und identifizierte sich dadurch sehr stark mit mir.

„Während Sie mir alles schilderten, habe ich versucht, mir vorzustellen, was ich an Ihrer Stelle getan hätte", gestand sie mir. „Es kann mir ja genauso gehen."

Ich hatte ihr beschrieben, wie ich vorher über den Tod nachgedacht hatte. Als Ärztin hatte sie auch ähnliche Erfahrungen. „Ich kann mir nicht vorstellen", fügte ich hinzu, „daß die derzeit veröffentlichten Überlebensstatistiken ein echtes Bild abgeben. Viele Fälle werden nicht erfaßt und oft ist nicht ganz klar, zu welchem Zeitpunkt die Infektion erfolgte. Außerdem kommt es nicht darauf an, wie lange ich lebe, sondern wie ich lebe. Dadurch, daß ich erfahren habe, daß ich positiv bin, hat mein Leben eine andere Qualität gewonnen. Es gab viele Momente seither, in denen ich Angst hatte. Ich war körperlich und seelisch vielen Schmerzen ausgesetzt. Aber ich merke, wie ich langsam an diesen Situationen wachse. Insofern bedeutet positiv zu sein für mich auch etwas Positives."

Ich fühlte mich von ihr verstanden und fand es schade, daß sie selbst keine Patienten behandelte, sondern nur HIV-Tests und die entsprechenden Beratungsgespräche durchführte. Dr. Krause, der Spezialist, den sie mir empfahl, arbeitete ausgerechnet in der Frankfurter Universitätsklinik.

„Ich habe einige Bedenken, ob ich mich an ihn wenden kann", gestand ich ihr. „Schließlich werde ich einige Zeit in seiner Abteilung arbeiten." Sie beruhigte mich jedoch. „Ich bin mir sicher, daß dies bei Wolfgang Krause kein Problem sein wird. Da haben Sie nichts zu befürchten."

Sie behielt recht. Ich faßte schnell Vertrauen zu Wolfgang Krause. Als ich ihm über meine langanhaltenden Durchfälle berichtete, vermutete er eine chronische Darmkrankheit. Die ersten Laborergebnisse führten uns alle nicht weiter, und er stellte gleich schon ein großes Programm für eine weitgehende Diagnostik auf, inklusive Darmspiegelung und Biopsie.

Obwohl meine Symptome dagegen sprachen, nahm ich selbst noch immer an, daß es sich um irgendeinen akuten Infekt handelte. Während der vielen Wochen hatte ich mich schon an die Bauchkrämpfe und die Durchfälle gewöhnt und wollte abwarten.

„Können wir nicht, bevor wir mit einer Darmspiegelung anfangen, einige Laboruntersuchungen nochmals wiederholen?" schlug ich vor. Er ließ sich gleich darauf ein und prompt fanden wir den Erreger. Es handelte sich tatsächlich um Ruhr. Nebenbei entdeckten wir noch einige seltene Würmer.

Mein Immunsystem hatte sich im Vergleich zum Januar den Laborwerten nach zumindest kaum verändert, was mich sehr beruhigte. Die Ergebnisse sprachen dagegen, daß die langen Durchfälle schon als AIDS-Symptom zu werten waren.

Ich schluckte brav meine Medikamente, und es trat wieder Ruhe in meinem Körper ein. Pünktlich zu Beginn des Praktischen Jahrs fühlte ich mich wieder fit. Mein erstes Trimester sollte ich in der Inneren Medizin arbeiten.

17. Positiv im weißen Kittel

In der Einführungsveranstaltung wurden neben den üblichen internistischen Stationen zusätzlich zwei Spezialbereiche zur Auswahl angeboten. Als nach Interessenten für die Hämatologie gefragt wurde, meldeten sich gleich mehrere Studenten, und es entstanden rege Debatten und Gerangel. Für die Infektionsstation erhob sich nur eine Hand, und das war meine. Als ich gehört hatte, daß es eine Infektionsstation gab, wurde gleich mein Interesse geweckt. Ich hatte nach der Reaktion auf das Angebot Hämatologie schon befürchtet, daß auch hier ein Konkurrenzkampf herrschte und um meinen Platz gebangt. Später erfuhr ich, daß die Infektionsstation in dieser Klinik als Außenseiterbereich zählte. Niemand konnte mir sagen, warum.

Die Arbeit dort machte mir großen Spaß. Doch nach einer Weile wurde ich wieder von Bauchkrämpfen gequält. Wieder setzten Durchfälle ein, die mir ein Weiterarbeiten fast unmöglich machten.

Eine Nachuntersuchung ergab, daß die Parasiten in meinem Darm sich nicht durch die Antibiotika hatten beeindrucken lassen. Zudem waren sie gegen die in Deutschland zugelassenen Medikamente resistent. Letztlich erhielt ich unter Sonderregelung doch noch die geeigneten Medikamente aus dem Ausland und bekam die Vorzüge unseres Gesundheitssystems zu spüren.

Klar war, daß ich auf meinen ursprünglichen Plan, einige Zeit in der Entwicklungshilfe tätig zu werden, nun besser verzichten sollte. In Indonesien hatte ich schon eingesehen, daß ich für solch eine Krankenhausatmosphäre zu schwach war. Über einen längeren Zeitraum hinweg konnte ich auch nicht ohne adäquate ärztliche Betreuung mich diesen Gesundheitsrisiken aussetzen. Aber auf kürzere Auslandsreisen wollte ich deshalb in Zukunft nicht verzichten.

Wegen der chemische Keule konnten die ungebetenen Mikroorganismen in meinem Körper nicht überleben. Schnell hatte ich mich von dem Infekt erholt und gewann viel Energie aus meiner Arbeit, an der ich weiter teilgenommen hatte.

Auf der Station begegnete ich einer Patientin, die zur Erstellung eines ärztlichen Gutachtens aufgenommen worden war. Sie war selbst Krankenschwester und hatte sich während ihrer Tätigkeit eine Hepatitis B zugezogen. Sie hatte sich nicht impfen lassen, was ihr von dem Oberarzt, der das Gutachten erstellte, zum Vorwurf gemacht wurde. [1]

Nach einer Visite fragte ich den Oberarzt, wie er die Gefahr einer HIV-Infektion durch den Hepatitisimpfstoff, der damals noch von mehreren Spendern stammte und nicht HIV-getestet wurde, einschätzte. Der Oberarzt hielt das Risiko einer Hepatitis B selbst mit dem alten Impfstoff immer noch für größer als die Gefahr einer HIV-Infektion durch den Impfstoff. Ich konnte die Frau verstehen, die in der Impfung eine falsche Sicherheit sah.

Das Verfahren lief mittlerweile über fünf Jahre. An ihrem Beispiel wurde mir deutlich, wie schwierig ein Anerkennungs-

---

[1] Hepatitis B ist nach Angaben der Behörde für Arbeit, Gesundheit und Soziales derzeit die häufigste auf dem Blutweg übertragene Berufskrankheit an der dementsprechend mehr Menschen sterben, als an beruflich erworbenen HIV-Infektionen. Doch Personen, die gegen Hepatitis B geimpft sind, nehmen oft die Infektionsgefahr durch Hepatitis C und andere Viren und Erreger nicht mehr wahr, was zu riskantem Verhalten führt.

Zeitmangel und Streß behindern oft die Befolgung von Sicherheitsbestimmungen. Wenn in kürzerer Zeit weniger Menschen mehr leisten können, funktioniert die Krankheitsfabrik um so effizienter. Statt die Risiken zu vermeiden, wird die teure Impfung propagiert, und die Pharmaindustrie profitiert.

verfahren einer Berufskrankheit selbst bei einer Hepatitis sein konnte.

Doch ließ ich mich nicht entmutigen und setzte gemeinsam mit Herrn Krause den ersten Brief wegen meiner eigenen HIV-Infektion an die Berufsgenossenschaft auf, um sie als beruflich anerkennen zu lassen.

Daraufhin begann der übliche Weg von einem Schreibtisch zum anderen, Weiterleitung von Hessen nach Hamburg, zurück zur Uniklinik und so fort, bis sich endlich eine Instanz für zuständig erklärte, die Landesausführungsbehörde für Unfallversicherung. Alle paar Monate wurde mir dabei ein Formular zum Ausfüllen, eine Bitte um Stellungnahme oder eine Nachricht über die Weiterleitung zugeschickt.

Schließlich wurde ich im Dezember zu einem Gutachten nach Hamburg einberufen, ausgerechnet in die Abteilung von Professor Schneider. Innerlich war ich schon darauf eingestellt, daß Professor Schneider in seinem Gutachten alles daran setzten würde, den Sachverhalt so darzustellen, daß es möglichst unwahrscheinlich sei, daß ich mich in seiner Abteilung infiziert hatte.

Zu meiner Überraschung war Professor Schneider nicht da. Statt dessen traf ich Professor Schild an, der hauptsächlich die HIV-Ambulanz betreute.

Er begrüßte mich in einem warmen Tonfall. „Herr Professor Schneider läßt sich entschuldigen", erklärte er mir. „Er ist leider verhindert. Setzen Sie sich doch." Ich spürte, wie die Anspannung von mir wich. Von Professor Schneider fühlte ich mich als Lügnerin abgestempelt und hatte das Gefühl, ihm gegenüber Rechenschaft ablegen zu müssen.

„Wissen Sie", fing Professor Schild an und öffnete meine Akte mit den Untersuchungsbefunden, „ich glaube Ihnen."

Nach dieser Einleitung war ich erleichtert. Ich brauchte mich also nicht zu rechtfertigen. Er hatte anscheinend auch bemerkt, daß Professor Schneider mir nicht traute.

„Wissen Sie auch warum?" fuhr er fort. „Ich bin überzeugt davon, weil sämtliche Laborparameter, die auf sexuell übertragbare Krankheiten hindeuten, bei Ihnen negativ sind."

Anscheinend ließ er sich jedoch mehr von den Laborparametern als von seiner Menschenkenntnis leiten.

„Ich werde Ihnen in unserem Gespräch einige sehr private Fragen stellen müssen", warnte er mich vor. „Es ist mir auch sehr unangenehm, hier wie ein Komissar vor Ihnen zu stehen, doch diese Informationen gehören zu dem Gutachten."

Zunächst stellte er allgemeine Fragen zu meiner Familie, wobei er nur mit halbem Ohr hinzuhören schien. Dann fragte er mich, mit wieviel Partnern ich bisher Geschlechtsverkehr gehabt hatte. Ich zählte zusammen und gab ihm eine ehrliche Antwort. Er grinste.

„Wieso lachen Sie?" fragte ich verärgert.

„Sie liegen damit deutlich unter dem Durchschnitt." Er hatte mich nicht gefragt, wie oft ich mit jedem einzelnen geschlafen hatte. Dann hätte er bestimmt noch mehr gegrinst.

„Wie kommt das?" fragte er weiter. „Das hängt mit meiner Kindheit zusammen", erklärte ich ihm.

Als ich sieben Jahre alt war, versuchte ein Nachbar von uns, der pädophil veranlagt war, mich zu bedrängen, und mit zwölf Jahren war ich im Wald von fünf Jungen aus dem Dorf vergewaltigt worden. Ich hatte in meiner Entwicklung sehr lange gebraucht, um Vertrauen zu Männern zu gewinnen.

Gerade in diesem Moment wäre es mir leichter gefallen, mit einer Frau über dieses Thema zu reden.

Dennoch überwand ich meine Sperre und erzählte ihm zumindest von den ersten negativen Erfahrungen, die meine sexuelle Entwicklung geprägt hatten.

Weiter konnte ich mit ihm nicht über dieses Thema sprechen. Lange Zeit hatte ich Männer gehaßt, wenn ich jene Gier nach leerem Sex zu spüren bekam. Ich empfand Verachtung für jene Männer, die zuerst mit dem Penis zu fühlen begannen.

Die meisten meiner bisherigen Beziehungen zu Männern brachen dann ab, wenn jemand versuchte, sich mir sexuell zu nähern, ohne überhaupt eine Nähe auf anderen Ebenen entstehen zu lassen.

Viele munkelten schon darüber, warum ich Männer nicht an mich heranließ und hauptsächlich mit Frauen befreundet war. Erst durch Jamal, der sich zum ersten Mal anders verhielt und meine Abwehr respektierte, konnte ich die Einheit von Liebe und Sexualität erleben.

Hierüber konnte ich mit Professor Schild nicht reden. Dennoch dauerte das Gespräch und die Untersuchung sehr lange. Am Ende versuchte er mir Mut zu machen. „Wissen Sie, ich glaube fest, daß Sie damit durchkommen. Sogar ein homosexueller Krankenpfleger hat es kürzlich geschafft, seine HIV-Infektion als beruflich erworben anerkennen zu lassen."

Ich zuckte zusammen bei dieser Formulierung. Sogar ein Homosexueller, die Klassifikation der HIV-Infizierten. Mir fielen die vielen diskriminierenden Bemerkungen der Pflegenden auf der Infektionsstation ein, als sie über einen homosexuellen Patienten sprachen, der sich eine Hepatitis B zugezogen hatte. Die Arbeit auf der Infektionsstation hatte mir Einblick gegeben, wie Ärzte und Pflegende über HIV-Positive dachten. Die Stimmung reichte von gelegentlichem Mitleid über Verachtung bis zur Panik. Allgemein wurden die Patienten automatisch als dekadent eingestuft und viele bemerkten nicht, wie sie den Patienten ihre oft antipathische Einstellung spüren ließen.

„Sie als Ärzte, in ihrem weißen Kittel, in dem Sie glauben, über den anderen zu stehen, können sich gar nicht vorstellen, was es bedeutet, HIV-positiv zu sein", sagte ein betroffener Patient einmal zu mir im ersten Gespräch. Wenn er nur wüßte, dachte ich leise und hörte ihm schweigend zu.

Seit Abklingen meiner körperlichen Beschwerden fühlte ich mich über viele Monate sehr wohl. Jamal dagegen fiel es noch immer schwer, zu akzeptieren, daß ich HIV-positiv bin. Sein

Zwang, es geheimzuhalten, bedrückte ihn sehr. Er hatte Angst, daß ihm jemand ansehen konnte, was ihn belastete. Mit keinem seiner Freunde sprach er darüber. Am liebsten wäre es ihm gewesen, wenn ich es auch niemanden mitgeteilt hätte.

Nach einigen Diskussionen mit Jamal entschloß ich mich jedoch, es sowohl Martin als auch Tatjana, die mich beide sehr gut kannten, in einem Brief mitzuteilen.

Martin schrieb mir sehr schnell zurück. Als ich seine Zeilen las, spürte ich, wie eng wir in unserer Sichtweise miteinander verbunden waren.

„Jeder sucht sich seine Krankheit selbst", war seine Antwort. Er wiederholte meine eigenen Gedanken. Gänsehaut lief mir den Rücken herunter. Es war jenes beglückende Gefühl, das mich überfiel, wenn jemand in Worte kleidete, was ich selbst nur als Ahnung in mir trug, wie wenn ich auf ein Buch stieß, in dem das mir selbst Unsagbare lesbar wurde.

In einem späteren Brief drückte er das aus, was ich mir nicht eingestehen wollte:

„Bei aller Zuversicht und gedanklicher Stärke, die bei dir zum Ausdruck kamen, hatte ich doch auch traurige Schwingungen beim Lesen. Vielleicht liegt es an der Vision, die ich schon länger in mir fühlte, die mir gestern abend auf dem Heimweg so deutlich wurde:

Daß du für deinen momentanen Zustand selbst verantwortlich bist, weißt du, denn nichts geschieht uns einfach nur so. Auch weißt du, daß unser Leben nichts anderes ist, als ein Austausch von Schwingungen oder Energien oder Kräften, die nie verloren gehen. Und so mußt du dich fragen, inwieweit du dich in deinem Innern und Äußeren den positiven oder negativen Kräften geöffnet hast. Über die Harmonie in deiner Seele mußt du mit dir selbst klar kommen und dich nicht belügen. Was die äußeren Dinge angeht, nur so viel:

Warum ausgerechnet du Medizin studieren mußtest, wirst du mir vielleicht in diesem Leben mal sagen. Ich weiß es nämlich, aber es ist besser, wenn du es selbst formulierst. Gut, du hast es gemacht, obwohl du weißt, daß Heilen auf einer anderen Ebene geschieht. Dann hast du jahrelang dieses negative Klinikumfeld eingeatmet, wo Tod und Krankheit und Sterben deine Kraftquellen waren. („Die Geister, die ich rief", heißt es im Zauberlehrling). Ich weiß, wovon ich rede, denn ich habe einen ähnlichen Weg genommen wie du, und je mehr ich darüber nachfühle, desto klarer wird mir alles. Nun gut, jetzt powerst du dich wieder ein Jahr lang in der Klinik aus. Es wird gut gehen, du weißt ja, daß Streßhormone dir da weiterhelfen, es zu überstehen. Und danach?"

Martins Brief gab mir zu denken. Wie kam es, daß ich mich für das Medizinstudium entschieden hatte? Ursprünglich wollte ich Reisejournalistin werden und mich mit Anthropologie befassen. Als ich mich mit sechzehn Jahren statt dessen für die Medizin entschloß, war dieses kein Zufall. Ich wollte einen Beruf, der mein ganzes Menschsein umfaßte, nicht „nur" Schreiben. Tod und Leben waren für mich untrennbar (all-ein-sein).

Vor einer Freundin, die wußte, daß ich Medizin studieren wollte, ließ ich damals eine Bemerkung fallen, über die sie sich sehr aufregte. „Es hat keine Bedeutung, ob jemand gesund oder krank ist", meinte ich zu ihr. „Du spinnst wohl", empörte sie sich. „Und du willst Medizin studieren?".

Mir fehlten damals die Worte, um ihr meine Gefühle zu erklären. Auch jetzt kann ich nur annähernd formulieren, was ich damit meine. Gesundheit und Krankheit sind zwei sich gegenseitig bedingende, aber an sich nicht existierende Zustände eines immerwährenden Kreislaufs. Der „Gesunde" befindet sich auf dem Weg, krank zu werden, und in der Krankheit ist die Tendenz des Heilens zu finden. Beides sind Prozesse, die sich ständig im Wandel zwischen Sterben und Werden befinden.

Daher hatte ich mir absichtlich Krankenhäuser als Ausgangspunkt gewählt. Häuser, die, wie ihr Name schon ausdückt,

Krankheiten beherbergen. Dabei war mir selbst aus dem Bewußtsein gerückt, daß Gesundheit und Krankheit als fließende Zustände ineinander übergingen. In meinen Gedanken konzentrierte ich mich auf die Gesundheit und habe mir dabei ein Virus einverleibt, welches Krankheit bringen kann.

Um sich gesund zu halten, gibt es die Möglichkeit, Krankheiten vorzubeugen oder Krankheiten zu bekämpfen.

Ich ging einen anderen Weg. Ich habe nicht versucht, Krankheiten zu vermeiden, sondern suchte danach, Krankheiten zu heilen. Dieser Weg führte mich unweigerlich über die Krankheit.

Ganz gleich jedoch, wo ich jetzt stehe, ob ich den flüchtigen Zustand der Gesundheit oder der Krankheit als Ausgangspunkt nehme, was zählt, ist der freie Fluß der Energie.

Tag und Nacht
All Ein Sein
Zwischen Tod und Leben
Immer und Ewig und Überall
Im Hier und Jetzt
Nie und Nirgends
Zur gleichen Zeit
Am gleichen Ort
Wandelt sich erstarrte Energie

Welche Energie ist es, die den Stein zum Leben erweckt?

Die Energie, die im Leben steckt?

Erstarrt in der Blüte des Lebens zu neuen Formen.

Meine Aufgabe war es, die Energie, die in der Krankheit als Botschaft verborgen lag, zum Schwingen zu bringen. Nicht der Verstand kann das Leben erwecken, aber das Leben. Diese Energie offenbart sich nur durch das Erleben. Der Verstand vermag sie nicht zu fassen. Verstehen konnte ich allerdings inzwischen, wie ich mir die Infektion zugezogen hatte.

Als ich das Leben meines Geliebten durch den Krieg bedroht sah, konnte sich das HIV-Virus gut bei mir einnisten. In meinen Gedanken habe ich mich nach dem Tod gesehnt und in meinem Unterbewußtsein das Virus angelockt. Jetzt ruht es in mir, und ich bin mir seiner Gegenwart bewußt. Was ich vorher nur außen sah, wenn ich andere Menschen sterben sah, befindet sich jetzt im Innern vieler Zellen meines Körpers. Ich erfahre in mir drin, was dieses Virus aus seinem Schlaf weckt. Die Angst, meinen Geliebten zu verlieren, hat es angelockt. Das Gefühl der Schuld, daß ich mir diese Krankheit gesucht habe, nagte an meinem Gewissen, und ich fühlte mich, als hätte ich etwas Verbotenes getan, nicht zuletzt durch das Versteckspiel vor der Gesellschaft.

Ich hatte mir eine Krankheit ausgesucht, die in unserer Gesellschaft nicht erlaubt ist. Blutsbrüderschaft mit einem ansteckenden Virus, welches die Abwehr schwächt.

Ich glaube, im Mittelalter wäre ich längst als Hexe auf dem Scheiterhaufen verbrannt worden, und noch heute möchten viele Menschen HIV-Infizierte auf eine einsame Insel verbannen oder hinrichten. Für mich wurde dieses Virus zu einer geheimnisvollen Quelle. Ich bin der Brunnen, der durch diese Quelle gespeist wird. Aus meiner Sehnsucht nach einer Krankheit entstand eine Suche nach der Heilung.

Das Wasser, die Flüssigkeit des Lebens, trägt die Energie dieser Quelle. Die Stille birgt das Geheimnis der kristallinen Klarheit und Transparenz des Wassers. An der Oberfläche spiegelt sich die Sonne auf dem schwarzen Grund der Erde. Ich bade im Sonnenlicht und genieße das freie Atmen. Ich möchte nicht das klare Wasser trüben, um auf den dunklen Grund zu tauchen. Meine Augen sehen klar, was mich dort erwartet. Ich hüte meine dunkle Quelle und trinke vorsichtig ihr erquickendes Wasser, statt in Trübsal und Angst in meinem eigenen Brunnen zu ertrinken.

Ich war wohl bereit, dieses Virus in mir aufzunehmen, und nun lebe ich damit und habe begonnen, dieses Virus in mir lieben zu lernen. Es gibt Tage der Angst. Doch diese Angst schützt mich vor Übermut.

Ich bin eine HIV-positive Ärztin.

Was manche Menschen in meiner Umgebung als ein schwarzes Kreuz betrachten, sehe ich als ein rotes Kreuz an. Meine äußerliche Schwäche ist meine innerliche Stärke.

Mein Erleben des täglichen Sterbens und Werdens wurde durch die Botschaft des Virus für mich zu einer inneren Erkenntnis. Seitdem geht mein Lächeln tiefer. Ich träume nun davon, daß es mir gelingt, dieses Lächeln auch später an meine Patienten weiterzugeben. Angst habe ich jedoch davor, mich anderen zu öffnen.

Meiner Freundin Tatjana hatte ich mich anvertraut und zurück kam ein trauriger Brief. Sie war in Tränen ausgebrochen, nachdem sie von meinem Zustand erfahren hatte, und schwelgte in Mitleid. Ich habe versucht ihr zu sagen, welchen Weg ich ging und welcher Prozeß sich in mir abspielte, doch sie konnte diesem Wandel nicht folgen. Es war mir eine Last, es ihr mitgeteilt zu haben. Tatjana und ich distanzierten uns mit der Zeit immer mehr voneinander.

In Frankfurt lernten Jamal und ich viele neue Leute kennen, doch es war niemand darunter, mit dem wir über jenes Thema sprachen.

Im zweiten Abschnitt des Praktischen Jahres begann ich in der Abteilung für Psychosomatik. Dort lernte ich einen Kollegen kennen, der mich die ganze Zeit sehr intensiv und sensibel beobachtete.

Oft tauschten wir unsere Eindrücke über Patienten miteinander aus. Er wunderte sich häufig über meine Empfindungen und rätselte lange über ihren Ursprung nach. Ich hütete mich jedoch davor, ihm etwas über mich selbst zu erzählen.

Er hingegen sprach häufig über sich und seine Probleme mit seiner Partnerschaft und Familie. Auch schilderte er mir intensiv die Erlebnisse beim Tod seiner Mutter, die er während ihrer Krebserkrankung zu Hause betreut hatte.

Als wir eines Abends nach der Arbeit gemeinsam mit dem Fahrrad nach Hause fuhren, gerieten wir in ein persönliches Gespräch.

„Ich kann nicht verstehen, wie in dir zugleich so viel Leichtigkeit und Schwere vereint sein kann", sagte er zu mir. „Ich frage mich, wieso du dich in deinem Alter schon so sehr mit dem Tod auseinandergesetzt hast. Manchmal erinnerst du mich an meine Mutter, wie ich sie in der letzten Zeit erlebt habe, bevor sie an Krebs starb." Ich gab ihm keine Antwort.

„Irgend etwas ist mit dir nicht ganz normal. Das merke ich."

Es fiel mir schwer, diesen eindringlichen Andeutungen auszuweichen. Mein Verstand gebot mir, zu schweigen. Dennoch beschäftigte mich seine Bemerkung sehr.

„Wie kommst du darauf?" fragte ich ihn. „Hast du noch einen Augenblick Zeit?" entgegnete er, und ich schlug vor, daß wir uns eine Weile auf die Wiese am kleinen Stausee setzen sollten.

„Vielleicht hast du recht. Ich habe mich bisher auf meinem Weg intensiv mit dem Thema Tod auseinandergesetzt", erklärte ich ihm. „Warum sprichst du nicht darüber? Ich merke, daß da ein Geheimnis sitzt." Mir wurde ganz heiß. „Ich mag nicht darüber reden. Ich habe es jemandem versprochen, nicht darüber zu sprechen", erklärte ich ihm. „Vielleicht errätst du es aber auch. Du bist schon sehr nahe daran." Seine Augen blickten forschend in mein Gesicht.

„Hast du Krebs?" fragte er. Ich schüttelte den Kopf. Er bohrte weiter: „Irgend etwas ist dir zugestoßen. Bist du vielleicht HIV-infiziert?"

Gänsehaut lief mir den Rücken herunter. Ich konnte ihm vor Schreck keine Antwort geben und nickte stumm.

Wie konnte er das bloß erraten, und wie sollte ich das Jamal erklären, daß jetzt einer meiner Kollegen Bescheid wußte?

„Keine Angst, ich werde mit niemanden darüber sprechen. Außerdem hast du es mir ja nicht direkt gesagt, sondern ich habe es erraten. Du hast dein Versprechen also nicht gebrochen. Wo hast du es denn her? Hast du früher einmal herumgejunkt?"

Ich erzählte ihm alles genau. Mit Jamal geriet ich am Abend in großen Streit darüber. Nur noch selten sprach ich mit meinem Kollegen später über dieses Thema. Als ich in die chirurgische Abteilung wechselte, verloren wir uns aus den Augen.

Die Gedanken an den chirurgischen Abschnitt des Praktischen Jahres hatte ich bis dahin verdrängt. Doch die Zeit kam unweigerlich heran, und ich wurde mit meinem Gewissen konfrontiert. Was würde geschehen, wenn mich nochmal ein Chirurg während der Operation fahrlässig in den Finger schnitt oder ich mich irgendwo selbst verletzte? Ich hatte mir meinen ganzen Urlaub aufgespart, um ihn während dieser Phase zu nehmen.

In jedem Bereich der Chirurgie bestand die Möglichkeit, daß ich Patienten in Gefahr brachte, sich zu infizieren. Ich litt unter permanenter Angst vor solchen Situationen.

So gut es ging, versuchte ich mich um den OP zu drücken. Während der Operationen suchte ich mir meist diejenigen Aufgaben heraus, die es mir erlaubten, mit meinen Händen möglichst großen Abstand vom Operationsfeld zu gewinnen.

Doch während dieser Zeit strengte mich die Arbeit entsprechend an. Am Abend waren meine Füsse vom Stehen angeschwollen und mein Kopf schien mir wie leer. Zu meinem gewohnten Sport konnte ich mich nicht mehr aufraffen. Beim Treppensteigen bemerkte ich, wie die Kraft in meinen Beinen nachließ und mir die Luft wegblieb.

Äußerlich war mir nichts anzumerken, doch ich fühlte mich schwach. Es ging so weit, daß ich nochmals meinen Immunstatus untersuchen ließ, obwohl ich sonst von den vielen Tests nichts Besonderes erwartete.

Meine Zellen waren dramatisch abgefallen, ohne daß irgendeine andere Untersuchung einen Hinweis auf die Ursache geben konnte. Die Anonymität der Universitätsklinik ließ es zu, daß ich einige Tage wegbleiben konnte, ohne daß es irgend jemand sonderlich auffiel. Ich fühlte mich elend und krank. Zweifel kamen auf, ob ich in diesem Zustand mein Studium weiter verfolgen konnte.

Ich verkroch mich zu Hause und begann für das Examen zu lernen, doch dadurch fühlte ich mich nicht ausgefüllt. Mir fehlte die Motivation und Begeisterung, mit der ich mich zuvor mit Naturwissenschaften beschäftigt hatte. Auf diese Weise blieb auch kaum etwas in meinem Gedächtnis haften.

Schließlich entdeckte ich am schwarzen Brett, daß eine Halbtagsstelle als wissenschaftliche Hilfskraft in der Grundlagenforschung angeboten wurde. Wenn die Arbeit mit Patienten mich so sehr belastete, wie ich es in der Chirurgie wahrgenommen hatte, dann blieb mir noch die Perspektive einer Arbeit in der Forschung. Ich bewarb mich und erhielt die Stelle. Die Zeit durfte ich mir dabei selbst einteilen.

In diesem Moment kam neuer Elan auf. Ich mogelte mich weiter durch die Chirurgie hindurch, begann im Forschungslabor und bereitete mich gleichzeitig auf das Examen vor. Es gab für mich wieder einen Sinn, dieses Studium zu beenden.

Durch diesen Auftrieb faßte ich sogar den Mut, mich vorerst um eine Stelle in der Inneren Medizin in Frankreich zu bewerben. Sowohl für Jamal als auch für mich war ein Auslandsaufenthalt beruflich in dieser Phase von Vorteil. Ich war mir sicher, daß sich mein Immunsystem inzwischen wieder erholt haben mußte. Nach einigen Monaten ließ ich mich nochmals testen.

Meine Zellen waren nicht wieder angestiegen. Laborchemisch keine Besserung. Ich konnte den Werten nicht glauben, aber auch eine erneute Untersuchung bestätigte mein angegriffenes Immunsystem. „Kann ich mit solchen Werten überhaupt den Belastungen als Assistenzärztin mit den vielen Nachtdiensten und dem unregelmäßigen Lebensrhythmus standhalten?" fragte ich Wolfgang Krause, der mich während der ganzen Zeit ärztlich betreut hatte. Doch auch er konnte mir nur schwierig in der Beantwortung dieser Frage weiterhelfen.

Lange dachte ich nach, ob ich den Laborwerten oder meinem eigenen inneren Gefühl nachgehen sollte. Schließlich vertraute ich auf letzteres. Ich spürte in mir die Kraft, diesen Weg zu gehen, und entschloß mich, meine Facharztausbildung in Innerer Medizin zu beginnen. Ein paar Tage später bekam ich ein Stellenangebot in einem Hospital in Lyon und sagte zu. Ich war nicht bereit, mich dem Diktat der Laborwerte zu unterwerfen.

„Hallo, wie geht es dir?", sprach mich Wolfgang Krause an, den ich auf einem internen Vortrag der Forschungsabteilung traf. Er freute sich, daß ich die Stelle in Lyon angenommen hatte. „Übrigens habe ich im letzten *Lancet* einen interessanten Artikel gelesen. Nach einer großen neuen Studie wurde das Medikament AZT in niedriger Dosierung schon bei asymptomatischen HIV-Infizierten empfohlen, wenn die T4-Helfer-Zellen[2] unter 500 liegen."

Als ich den Artikel las, war ich zwar skeptisch, doch irgendwie schien es mir einen Versuch wert. Der Artikel versprach einen Anstieg der T4-Zellen, somit eine Verbesserung des Immunsystems und eine Verlängerung der Überlebensdauer ohne schwerwiegende Nebenwirkungen. Für mich war es ein verlockendes Angebot, auch wenn es mir schwer fiel, den Wecker zu stellen, um fünfmal täglich eine Tablette zu schlucken, so wie es in dem Artikel empfohlen wurde. Unbewußt assoziierte ich das Schlucken einer Tablette mit Krankheit.

Es dauerte einige Zeit, bis ich meine innere Ablehnung gegen die Einnahme dieses hochtoxischen Medikamentes überwunden

---

[2] T4-Helfer-Zellen = bestimmter Teil der weißen Blutkörperchen, der Lymphozyten, die eine Schlüsselfunktion in der Immunreaktion haben und die im Verlaufe einer HIV-Infektion mehr und mehr zerstört werden.

hatte. Mir war klar, daß ich diese Substanzen nicht vertragen würde, wenn ich von vornherein innerlich voreingenommen an sie herangehen würde. Der Gedanke, daß diese Substanz in die DNA des Körpers eingriff, bereitete mir Unbehagen. Ich ließ mich auf ein Experiment ein, dessen langfristige Konsequenzen mir unbekannt waren.

Auf der anderen Seite dachte ich an die abgefallene Anzahl von T4-Zellen. Anscheinend reichten meine eigenen Kräfte nicht aus, neue nachzubilden. Meinem Gefühl nach hätten sich die Laborwerte verbessert haben müssen.

Gleichzeitig hatte ich mich für einen Berufsweg entschieden, in dem viele Belastungen auf mich zukamen. Angesichts meines Immunstatus war diese Lebensweise unvernünftig. Sollte ich nun auch noch auf meinen Beruf verzichten?

Die Verheißung einer lebensverlängernden Behandlung, die gleichzeitig die Lebensqualität verbessern sollte, war verlockend. Wenn dieses Medikament halbwegs hielt, was die Studie versprach, dann konnte ich mich dem Konflikt auf diese Weise entziehen.

Unter diesem Aspekt war es mir den Versuch wert. Ich ließ mir vor unserem Umzug nach Frankreich einen großen Vorrat an AZT verschreiben.

Der Anfang in Lyon war chaotisch. Mein Chefarzt war während der ersten Woche in Urlaub, und niemand nahm Rücksicht darauf, daß ich Berufsanfängerin und Ausländerin war. Es war wie ein Sprung ins kalte Wasser, und ich war froh, als mein neuer Chefarzt aus dem Urlaub kam. Trotz des ganzen Stresses gelang es mir, selbst bei der Arbeit an die regelmäßige Einnahme der Tabletten zu denken.

Ich hatte mir einen kleinen Taschenwecker gestellt und zog mich heimlich in eine Ecke zurück. Ich wollte damit den neugierigen Fragen anderer ausweichen, die üblicherweise gestellt werden, wenn jemand Medikamente nimmt.

Gleich in der zweiten Woche entstanden die ersten Konflikte. Ich untersuchte eine junge Patientin und erfuhr erst später, daß sie eine offene Tuberkulose[3] hatte. Bei meinem derzeitigen Immunstatus konnte ich mich leicht bei ihr anstecken.

Ich erfuhr auf diese Weise, daß genau vor einem Monat die Infektionsstation geschlossen worden war. Ich arbeitete ausgerechnet für einen Lungenfacharzt, so daß zu erwarten war, daß ich in Zukunft häufig mit Tuberkulose zu tun haben würde.

Ich verstand mich gut mit meinem Chefarzt und wollte nur ungern wechseln, aber in diesem Fall war diese Arbeit für mich vollkommen ungeeignet.

Nach der Visite bat ich ihn um ein Gespräch. Offen legte ich ihm meine Gründe dar, damit er nicht dachte, daß ich die Stelle wegen ihm oder der ausgesprochen harten Arbeit wechseln wollte. Mir kamen die Tränen. Ich hatte mir nicht träumen lassen, schon so schnell aus gesundheitlichen Gründen bei der Arbeit zu straucheln.

Mein Chef war sehr verständnisvoll. „Wir können nicht vermeiden, daß die Tuberkulosepatienten jetzt alle in unsere Abteilung kommen, doch ich werde verhindern, daß Sie in Zukunft in engeren Kontakt mit ihnen kommen. Welcher Arzt betreut Sie denn hier in Frankreich?" fragte er besorgt. Ich traute meinen Ohren nicht. Ich hatte ihm doch vorher erklärt, warum ich diese Arbeit nicht fortsetzen konnte. Er schien sich nicht daran zu stören, obwohl er wußte, daß ich ihn in Zukunft bei vielen Tätigkeiten im Stich lassen würde. Ich hatte ihm ganz deutlich dargelegt, daß mir an diesem Punkt meine eigene Gesundheit wichtiger war.

Schließlich vermittelte er mir den Kontakt zu Spezialisten im gleichen Haus, bei denen ich mich vor Ort untersuchen und beraten lassen konnte. Auch sie hatten zum ersten Mal mit einer beruflichen HIV-Infektion zu tun. Sie konnten es nicht glauben und mußten sich selbst wieder durch weitere HIV-Tests davon überzeugen, daß es wirklich stimmte.

---

[3] Offene Tuberkulose = Stadium, in dem die Tuberkulose auf immungeschwächte Menschen übertragen werden kann.

Das Ergebnis meines ersten Immunstatus war ermutigend. Meine Zellen waren wieder auf den Stand angestiegen wie vor der ersten Episode, während ich in der Chirurgie arbeitete.

Dennoch machte ich mir große Gedanken um meinen Lebenswandel. Ich hatte Zell- und Laborkosmetik betrieben. Mein Immunsystem war durch die Einnahme des Medikamentes gestärkt worden, doch mein praktischer Alltag war so ausgerichtet, daß es das Gegenteil bewirken konnte.

Ich klotzte ran, powerte mich aus und lebte von meinen Streßhormonen, genau das, wovor mich Martin in seinem Brief gewarnt hatte. Während der Arbeit vergaß ich meine eigenen Probleme. Die Situation erinnerte mich an die Phase, während der ich mich vermutlich infiziert hatte. Abends, wenn ich die Tabletten einnahm, die ich immer häufiger im Laufe des Tages vergessen hatte, wurde mir meine Situation wieder bewußt.

In meiner Freizeit versuchte ich Kraft zu schöpfen. Ich verbannte meine medizinischen Bücher ins Regal und verbrachte meine Zeit mit Jamal. Wir gingen spazieren, besuchten Konzerte, Kunstausstellungen oder hörten einfach Musik und malten. Außerdem begann ich wieder Yogaübungen zu praktizieren.

Ich fand durch diese Aktivitäten einen gewissen Ausgleich. Jamal blieb die meiste Zeit zu Hause, versorgte den ganzen Haushalt und vertiefte sich in seine Bücher. Insgesamt fühlten wir uns beide sehr isoliert und hatten wenig private Kontakte in unserer Umgebung. Bei der anstrengenden Arbeit blieb mir auch kein Freiraum dazu. Ich richtete meine Kraft zu viel nach außen und ersetzte die mangelnde Zuwendung zu mir selbst durch ein Medikament.

Um mich aus dieser Spirale zu entwinden, suchte ich mir eine neue Stelle in einem Krankenhaus in einem Vorort von Paris, diesmal in einer gastroenterologischen Abteilung. Dort brauchte ich nicht so viele Nächte zu arbeiten und hatte insgesamt weniger Patienten zu versorgen. Bezeichnenderweise zog ich mir, als ich äußerlich weniger Streß ausgesetzt war, eine Lungenentzündung zu.

Es dauerte lange, bis ich mich von dem hohen Fieber erholt

hatte. Mein neuer Chef war nicht sehr erfreut. Er bat mich, auf meinen Urlaub zu verzichten, aber ich bestand darauf.

Ich hatte das Gefühl, daß ich meine Anstellung verlieren würde, sobald ich ihm mitteilen würde, daß ich HIV-positiv bin. Meine Arbeit erledigte ich sorgfältig und hatte viele gute Erlebnisse mit Patienten. Doch mein Privatleben hatte denselben Stellenwert.

Von Anfang an fanden wir in Paris viele neue Freunde. Es war ein ganz anderes Leben als in Lyon. Ständig gingen Gäste in unserem Haus ein und aus. Gelegentlich bekamen wir Besuch aus Deutschland. In unseren vier Wänden fühlten sich die Leute wie im Urlaub. Häufig entwickelten sich aus den Zusammenkünften lange Abende, an denen viel gelacht und musiziert wurde.

Die Atmosphäre glich wieder unserem Lebensstil in Hamburg. In Lyon hatte das Leben nur aus Arbeit und Ausruhen bestanden. In Paris war einfach viel mehr los als in der Provinz.

Ich verspürte eine innerliche Leichtigkeit. Von meiner Infektion erzählte ich niemanden. Keiner schien zu ahnen, aus welchen Quellen ich meine Energie schöpfte.

Auch Jamal schien zumindest nach außen nicht mehr so schwer und melancholisch. Er lachte viel, doch in seinem Innern lag noch immer diese Schwere. Er zeigte es aber nicht nach außen.

Anfangs, als ich krank war, hatte ich das AZT weiter sorgfältig eingenommen. Inzwischen verteilte ich die Dosis allerdings nicht mehr auf fünf Tagesgaben, sondern nur noch auf morgens und abends, ohne daß sich dabei etwas an meinen T4-Zellen verschlechterte. Alles blieb stabil.

Ich ließ mich diesmal von einer neuen Ärztin in einer großen HIV-Ambulanz behandeln. Es war einfacher, mit jemanden zu sprechen, der nicht im gleichen Haus arbeitete. Mit ihr als Frau konnte ich auch über meine Trauer sprechen. Sie konnte verstehen, was der unerfüllte Kinderwunsch für mich bedeutete.

Als ich diese Ärztin das erste Mal besuchte, kam ich in Begleitung von Jamal. Sie weigerte sich zunächst, mit uns gemeinsam zu sprechen. Sie wies Jamal zuerst wie einen Störenfried aus den Zimmer. Nachdem ich ihr den Sachverhalt der Berufsinfektion erklärt hatte, tat ihr ihre abweisende Reaktion ihm gegenüber leid und sie kümmerte sich darum, daß er mit einer Beraterin für Angehörige von HIV-Positiven sprechen konnte. Jamal war nicht in der Lage, sich zu öffnen. Dementsprechend waren die Gespräche wenig hilfreich.

Ich gestand der Ärztin, daß ich den Wecker in die Ecke gestellt hatte und AZT nur noch zweimal täglich nahm. Sie bestätigte mir, daß kein Unterschied darin bestand, ob man die Gesamtdosis auf fünf oder zwei Gaben täglich verteilte.

Nachdem ich mich von meinem Infekt erholt hatte, vergaß ich allerdings häufiger, das Medikament einzunehmen. Anfangs hatte ich ein schlechtes Gewissen. Doch bei den Untersuchungen stellte sich heraus, daß meine Werte stabil blieben. Ich begann, an der weiteren Wirksamkeit des Medikaments zu zweifeln.

„Das haben Sie alles dem AZT zu verdanken", meinte die Spezialistin strahlend. Es fiel mir schwer, ihr zu gestehen, daß ich meine Medikamente nur unzuverlässig einnahm. Es konnte einen Eindruck hinterlassen, der mich in weitere Schwierigkeiten brachte.

Inzwischen berichteten die Medien über die Infektion von Kimberley Bergalis durch ihren HIV-positiven Zahnarzt. Anfangs hatte mir diese Nachricht und der ganze Medienrummel einen großen Schrecken eingejagt. Gleichzeitig wurde durch diesen Skandal viel über die Ansteckungsrisiken von Ärzten auf Patienten publiziert.

Meine Ärztin war sehr besorgt, daß ich weiter im Krankenhaus arbeitete, und riet mir, eine andere Tätigkeit auszuüben. Sie befürchtete, ich könnte andere durch meine Tätigkeit gefährden. Der Präzedenzfall des amerikanischen Zahnarztes hatte auch ihr Angst eingejagt. Zudem war in Frankreich ein Gesetz in Planung, das HIV-positiven Ärzten sogar kleinere Eingriffe wie das Annähen von Drainagen und Kathetern verbieten sollte. In Deutschland wollte man zu dieser Zeit den HIV-Test für Ärzte als Pflicht einführen und den Positiven nur entsprechend geeignete Tätigkeiten erlauben.

Ich hätte nie eine Tätigkeit ausgeübt, bei der ein Patient mit meinem Blut in Berührung kommen konnte. Bei einer Hautnaht konnte ich mich zwar selbst stechen, doch ich führte dem Patienten keine Verletzung zu, bei der mein Blut dann mit ihm in Kontakt kam. Sie wußte genau, daß ich bei meiner Arbeit mich nicht vor dem Umgang mit Nadeln drücken konnte, und drohte mir mit den neuen, überzogenen Gesetzen, die mir nicht einmal mehr eine Blutabnahme erlaubten. Solche Zwangsmaßnahmen führten eher dazu, daß sich kein Arzt mehr testen ließ.

Ich spürte die Panik der Gesellschaft. Noch schützte mich die gewahrte Anonymität, doch ich fühlte mich aufgefordert, etwas gegen die Ausgrenzung HIV-positiver Ärzte zu tun. Außerdem war das Risiko für Krankenhauspersonal, sich beim Patienten anzustecken, größer als umgekehrt. Doch das wurde in den Massenmedien häufig verschwiegen.

Ich nahm zu einem bekannten Wissenschaftler im HIV-Bereich Kontakt auf und bat ihn, mein Fallbeispiel anonym zu publizieren, um andere Ärzte dazu zu ermutigen, sich testen zu lassen.

Leider verstand er mein Anliegen nicht. Er hielt es nicht für gut, einen HIV-Test für Ärzte zu empfehlen, weil das Ergebnis, falls es positiv sein sollte, zu viele Folgen für denjenigen hätte.

„Aber fragen Sie mich doch. Ich bin positiv und möchte das Wissen darüber nicht missen. Nur so kann ich mich und meine Patienten sinnvoll schützen. Ich wäre sonst nicht hier und ließe mich sonst auch nicht behandeln. Ich finde es besser, die Wahrheit zu wissen", erklärte ich ihm und versuchte meine Motive näher zu erläutern. „Ich möchte keine Panik verbreiten, aber ich möchte, daß andere Ärzte von meinem Schicksal lernen. Ich möchte warnen vor der Sorglosigkeit. Es sind nicht die Handschuhe, die uns schützen, nicht die Gummihaut, sondern die Achtsamkeit. Das Tragen von Handschuhen und Schutzkleidung verleitet zum Gefühl der falschen Sicherheit. Auch ich habe Handschuhe getragen, aber wohl nicht im entscheidenden Moment. Leider kann ich diesen Artikel nicht selbst publizieren. In Deutschland habe ich mich an einen Professor gewandt, der mir nicht glauben wollte. Sie glauben mir wenigstens. Doch darf die Gefahr nicht verheimlicht werden."

Er verwies mich an die Ärztin, die mich zu dieser Zeit behandelte. Sie hatte ebenfalls kein Interesse an einer Veröffentlichung.

18. Böses Blut

Mir wurde klar, daß ich meinen Weg alleine gehen mußte. Zunächst kümmerte ich mich um die Dinge, die mich selbst betrafen. Beharrlich hielt ich den Papierkrieg mit der Landesausführungsbehörde für Unfallversicherung durch. Diese Institution funktionierte noch komplizierter, als es ihr Name schon andeutete.

Inzwischen war das streng vertrauliche Gutachten von Professor Schild in meine Hände geraten. Er hatte für die Anerkennung als Berufskrankheit plädiert. Zu meiner Überraschung hatte Professor Schneider dieses Schreiben mitunterzeichnet.

Durch die Ermittlungen des Gutachtens erfuhr ich von einer weiteren Katastrophe in der Medizingeschichte. Die Angelegenheit war fataler, als ich es mir zunächst vorgestellt hatte.

Während meiner Arbeit in der Hämatologie hatte ich neben den Bluttransfusionen auch oft mit Faktoren- und Gerinnungskonzentraten zu tun, die in der Behandlung von Bluterkranken und Krebspatienten eingesetzt wurden.

Erst seit dem 1. 4. 1985, also lange nachdem die Gefahr den Verantwortlichen bekannt war, wurde in der Klinik ein Rundschreiben verteilt, daß ab sofort alle Blutkonserven in der Universitätsklinik auf HIV getestet wurden.

Durch dieses Schreiben wägte ich mich damals in falscher Sicherheit, denn es wurden weiterhin Blutprodukte verwandt, die nicht getestet waren. Hinzu kam, daß schon vorhandene Verfahren, die Viren zu inaktivieren, einfach nicht eingesetzt wurden. Die Verantwortlichen wußten, daß sie damit Menschenleben aufs

Spiel setzten und daß es die Möglichkeit gab, das zu vermeiden. Wie viele Menschen selbst nach 1987 noch HIV-positive Blutprodukte erhalten haben, weiß niemand. Getestet wurden die Patienten nicht. Ahnungs- und wehrlos waren sie den tödlichen Blutgeschäften ausgesetzt.

Dr. Schott, der Ministerialdirektor der Blutbank, hatte durch Stichprobenuntersuchungen festgestellt, daß auch 1987 noch HIV-positive Präparate verwandt wurden.

Das heißt, es wurden Blutprodukte verwandt, die infektiös waren, ohne daß weitere Untersuchungen stattfanden. Die Risiken waren bekannt und bewußt, doch sie wurden vor Personal und Patienten geheimgehalten.

Ich war alleine mit meiner streng vertraulichen Information. Wie konnte ich es verantworten, dieses Wissen stillschweigend für mich zu behalten?

Während ich mich mit dieser Frage beschäftigte, erschienen die ersten Pressemitteilungen über den Hämophilenskandal in Frankreich. Parallel dazu wurden auch Meldungen über verseuchte Blutprodukte in anderen europäischen Ländern und den USA bekannt. Endlich erfuhr die Öffentlichkeit über die dunklen Machenschaften von Industrie, Behörden und einzelnen Ärzten.

Dieser Skandal motivierte mich natürlich, das Anerkennungsverfahren meiner Berufskrankheit fortzuführen. Die Behörde ließ das Gutachten von Professor Schild aus Hamburg einfach unbeantwortet. Dann zögerte sich das Verfahren hinaus, indem etliche Nachfragen an mich kamen.

Zusätzlich wurde Professor Schneider nochmals um eine Stellungnahme gebeten.

Plötzlich stritt dieser alle Informationen ab, die in dem ersten Gutachten ans Tageslicht kamen. Angeblich war ihm kein Fall einer klinikumsinternen Infektion bekannt geworden. Dies war auch nicht weiter verwunderlich, da keine routinemäßigen Untersuchungen auf HIV stattgefunden hatten. Wenn ich mich nicht zufällig hätte testen lassen, hätte ich auch nie etwas über diese internen Machenschaften erfahren.

Professor Schneider schrieb auf Befragen der Unfallversicherungsbehörde:

„Die von Herrn Prof. Schild ermittelten Informationen ... des Gutachtens lassen sich leider nicht mehr überprüfen, da die wesentlichen Aussagen von dem inzwischen verstorbenen Ministerialdirektor Dr. med. K. Schott stammen, der als Nachfolger von Frau Prof. Arnold kurzfristig die Leitung der Blutbank übernommen hatte. Ich habe mich somit an Frau Prof. Arnold gewandt und sie als ehemalige Leiterin der Blutbank und derzeitige kommissarische Leiterin der Blutbank befragt. Frau Prof. Arnold sind keine Plasmaprodukte bekannt, die in der Klinik verwandt wurden und bei denen die Nachtestung der aufbewahrten Proben ein positives HIV-Ergebnis erbracht hat."

Ich war entsetzt, zwischen diesen Zeilen zu erfahren, daß Frau Dr. Arnold, die als Leiterin der Blutbank angeblich nichts von dem Skandal wußte, wieder auf den gleichen Posten gerückt war. Sie hatte Gelegenheit, alle Informationen zu vernichten, die ihr Nachfolger aufgedeckt hatte.

Im nachhinein frage ich mich, ob es Zufall war, daß der Ministerialdirektor Dr. Schott, der den Skandal aufdeckte, nur kurzfristig im Amt war. Jedenfalls war der Medizinaldirektor, welcher die Produkte getestet hatte, inzwischen tot, und die Spuren verliefen im Sand.

Ich bin inzwischen unsicher, ob Professor Schneider mich nur aus Sorge um meine Gesundheit gewarnt hat, ein Anerkennungsverfahren als Berufsinfektion anzustreben.

Er war Direktor der medizinischen Abteilung, in welcher ich ohne mein Wissen solchen Risiken exponiert war. Als Gutachter war er in meinem Fall nicht unbefangen. In seiner schriftlichen Stellungnahme gab er folgenden Kommentar ab:

„Aufgrund unserer Erfahrungen in der Betreuung von HIV-infizierten Patienten haben sich für die Patientengruppe „Infektionsquelle unbekannt" letztlich doch, und das oft erst nach Jahren ambulanter und stationärer Betreuung, Personen als Infektionsquelle herausgestellt, die zum engeren Bekanntenkreis dieser Patienten gehörten.

Da somit im Fall von Frau Dr. Auras eine Infektionsquelle nicht nachweisbar bzw. objektivierbar ist, fällt es schwer, die Zusammenhangsfrage im Sinne einer Berufskrankheit zu werten."

Lange wartete ich vergeblich auf eine Entscheidung der Unfallversicherungsbehörde.

Am Telefon teilte mir zwischenzeitlich ein Sachbearbeiter im Vertrauen mit, daß sie befürchteten, es könne erhebliche Konsequenzen nach sich ziehen, falls sie meinen Fall als Berufskrankheit anerkannten. Sie hatten zum ersten Mal mit der Meldung einer beruflichen HIV-Infektion zu tun und könnten sich deshalb nicht entscheiden.

Trotz mehrfacher schriftlicher Ermahnungen benötigte der staatliche Gewerbearzt achtzehn Monate für eine Stellungnahme. Die Frucht dieser langwierigen Tätigkeit war ein sehr platter Kommentar, in dem er mir private Risiken zu unterstellen versuchte, ohne sich überhaupt mit der Materie auseinandergesetzt zu haben.

Allgemein war ihm bekannt, daß Fernreisende häufiger betroffen sind. „Frau Dr. Auras war auch anläßlich verschiedener Auslandsaufenthalte z. T. einer besonderen HIV-Infektionsgefährdung ausgesetzt", behauptete er deshalb. Er hatte dabei gar nicht bemerkt, daß die Reisen erst erfolgten, nachdem ich schon längst positiv war.

„Nach eigenen Angaben hat Frau Dr. Auras in ihrem Leben zumindest 4 Sexualpartner gehabt, über deren Gesundheits- und Infektionszustand nichts bekannt ist. Sexueller Umgang ist jedoch … die häufigste Ursache von HIV-Infektionen", argumentierte er und benutzte ein Klischee, ohne daß ihm auffiel, daß ich nachweislich nach diesen Kontakten noch negativ war.

Die Phantasie in seinen Spekulationen über die skurrilsten außerberuflichen Infektionsmöglichkeiten ging noch viel weiter:

„Es ist auch über das außerberufliche Leben von Frau Dr. Auras nichts bekannt. So könnte z. B. die Angehörigkeit zu einer Sekte der Grund für gehäufte Auslandsaufenthalte sein."

Ohne mich zu kennen, ordnete er mich in jene gängigen Kategorien der üblichen Risikogruppen ein und ließ seine perversen Phantasien schweifen, ohne auch nur den Boden der Realität zu berühren.

Ohne den objektiv vorliegenden Hintergrund zu betrachten, zog er sich auf die allgemeine Statistik zurück. Daß die Wahrscheinlichkeit einer beruflichen Infektion unter 1 % lag, benutzte er als Argument, mir eine außerberufliche Ursache zu unterstellen.

Mir schauderte, als ich die Aussagen des staatlichen Gewerbearztes und von Professor Schneider las. Ich konnte kaum glauben, daß solche Worte aus dem Mund von Ärzten in verantwortungsvollen Positionen stammen konnten.

Beruflich war ich zweifelsohne multiplen Risiken ausgesetzt, die einfach übergangen wurden. Statt dessen wurden mir fiktive private Risiken unterstellt, wie Stechmücken, Promiskuität oder Sektenzugehörigkeit, um den unangenehmen Tatsachen nicht ins Auge sehen zu müssen.

Die Unfallversicherungsbehörde stützte sich natürlich auf die letzten beiden Gutachten. Zweieinhalb Jahre nachdem ich meine Infektion bei der Berufsgenossenschaft gemeldet hatte, erhielt ich den Bescheid über die Ablehnung der Anerkennung als Berufskrankheit. Darauf legte ich postwendend Widerspruch ein.

Die Taktik der Behörden wurde mir klar. Je länger sie die Bearbeitung meines Falles hinauszögern konnten, desto größer wurde die Wahrscheinlichkeit, daß ich nicht mehr die Kraft hatte, mich zu wehren.

Erst nach einem halben Jahr antwortete die Unfallversicherungsbehörde. Mein Widerspruch wurde abgewiesen.

Als nächster Schritt war nun die Klage einzuleiten. Ich setzte meine Hoffnung auf die Justiz und suchte einen Anwalt auf.

„Ihr Fall betrifft das Sozialrecht. Das ist nicht mein Gebiet. Ich kann Ihnen einen Fachmann empfehlen. Aber insgesamt besteht in der Sache wenig Hoffnung", teilte er mir mit. Auch der Spezialist im Sozialrecht stimmte mich pessimistisch. Da eine berufliche HIV-Infektion ein Einzelfall war, bedeutete es für den Anwalt viel Aufwand für wenig Geld. Daher hatte niemand an diesem Mandat großes Interesse. Dennoch setzte der zweite Anwalt eine Klageschrift auf, in der er schrieb:

„Da es ein wesentliches Merkmal der Infektionskrankheiten ist, daß deren Erreger mikroskopisch klein sind, kann im Regelfall nicht nachgewiesen werden, wann die vorhandene Infektion konkret eingetreten ist."

Ich schämte mich dieser laienhaften Ausdrucksweise, doch er hatte mit der Formulierung des Schreibens bis auf den letzten Tag vor Ablauf der Frist gewartet. Ich hatte keine Gelegenheit mehr, eine fundiertere Klageschrift aufzusetzen.

Als ich mit dem Anwalt nochmals Rücksprache halten wollte, erfuhr ich, daß er sein Mandat niedergelegt hatte.

In einem erneuten Anlauf wandte ich mich an die Deutsche AIDS-Hilfe, die mir die Adresse eines Anwalts vermittelte, der schon viele Hämophile in Prozessen vertreten hatte. Auch dieser machte mir wenig Mut, verlangte dafür aber schon in der ersten Instanz ein hohes Honorar.

Mir wurde klar, daß ich nicht auf die Hilfe eines Rechtsanwalts bauen konnte. Schließlich entschloß ich mich, die Angelegenheit alleine in die Hand zu nehmen und vertrat mich selbst vor Gericht. Es wurde kein langer Prozeß, denn das ursprüngliche Gutachten von Professor Schild war eindeutig. Die schlichten Phantasien des staatlichen Gewerbearztes wirkten dagegen so lächerlich, daß für die Richterin kein Zweifel blieb.

Nachdem die Behörde den Prozeß verloren hatte, wartete sie bis auf den letzten Termin der Widerspruchsfrist und legte Berufung ein. Inzwischen ist wieder über ein Jahr vergangen und noch steht der zweite Gerichtstermin nicht fest. Innerlich bin ich darauf gefaßt, daß dieser Prozeß noch einige Jahre dauern wird. Doch ich habe Geduld und werde nicht aufgeben. Ich werde die Wahrheit nicht verschweigen und mich nicht entmutigen lassen. Ich habe Zeit und lasse die Behörden gegen die Wahrheit kämpfen.

Ich bin positiv, das können sie nicht leugnen. Je länger sie vor der Wahrheit die Augen verschließen, desto näher rückt der Zeitpunkt, an dem auch der Öffentlichkeit bewußt wird, daß dieses Virus die ganze Menschheit betrifft und nicht vor weißen Kitteln haltmacht.

Auch wenn eine Berufsinfektion die Ausnahme bleibt – es wird bald mehr Ausnahmen geben.

Das ängstliche Leugnen der Verantwortlichen vor der Öffentlichkeit sorgt dafür, daß der Boden bereitet wird für die Ausbreitung des Virus. Es heißt deshalb für mich, zu warten, eine Vertrauensbasis zu schaffen, in der ich mich öffnen kann, ohne selbst verletzt zu werden.

Während der langen Phase des Schweigens, die mich vor den Angriffen von außen schützte, baute ich mir zunächst ein eigenes inneres Vertrauen auf. Durch die Gegenwart des Virus, welches ich durch meine Unachtsamkeit in meinen Körper habe eindringen lassen und dem ich mich unbewußt geöffnet habe, wurde ich von Angst und Schuldgefühlen durchdrungen und habe ihre Macht gespürt. Die Ängste, die das Virus in der gegenwärtigen Welt auslöst, habe ich in mir selbst intensiv erlebt.

Angst und Schuld waren meine inneren Begleiter. Schwer und tief sanken sie in mich herab. Ich habe sie fallenlassen, statt sie zu bekämpfen. Mein Weg führte mich auf den dunklen Grund der Quelle. Ich war bereit, das Leben loszulassen, jeden Tag.

Dadurch wurden diese finsteren Kräfte, die mich herabgezogen hatten, umgewandelt. Die Bereitschaft loszulassen gab mir eine neue Leichtigkeit, die Dynamik des Auftriebs, die mich aufsteigen ließ von der dunklen Angst an die Oberfläche des Wassers, wo ich neues Licht sah.

Ich habe mich nicht mithinunterziehen lassen von dieser schweren Angst, sondern sie in eine andere Kraft umgewandelt, die mir ständig neuen Mut zuspricht.

Aus diesem eigenen inneren Erleben entstand der Auftrieb, entgegen der Angst der Gesellschaft meinen Berufsweg fortzusetzen. Daraus schöpfte ich die Energie, den Gerichtsprozeß durchzuziehen.

19. Angst vor Ausgrenzung

Während dieser Phase habe ich auch den Mut gefaßt, mit meinen Geschwistern darüber zu reden. Mit der Zeit hatte sich der Kontakt zu ihnen gebessert, und sie hatten sich an die Beziehung zwischen mir und Jamal gewöhnt. Claudia, meine älteste Schwester, und ihr Mann Jörg hatten uns sogar in Frankreich besucht und dabei Jamal erstmals kennengelernt. Überraschenderweise verstanden wir uns gut. Die ganzen Vorbehalte, die bislang unser Verhältnis bestimmt hatten, wurden allmählich abgebaut und wir wurden endlich miteinander vertraut.

Bei einem Gegenbesuch in Deutschland erzählten wir ihnen, daß ich positiv bin. Ihre Verunsicherung war deutlich spürbar, insbesondere was die Ansteckungsgefahren betraf. Mein Schwager Jörg hatte Bedenken, wenn ich in der Küche Gemüse schnitt. Nach einer Weile legte sich die Panik. Sie konnten verstehen, daß ich als positive Ärztin tätig war und unterstützten es auch. Sie begannen auch nicht, uns zu bemitleiden, sondern versuchten, mich zu ermutigen.

In Braunschweig hingegen entwickelte sich alles anders. Meine Schwester Karin war entsetzt, als sie von meiner Infektion erfuhr. Sie reagierte sehr depressiv und konnte sich nicht in meine Denkweise und Entwicklung hineinversetzen. Ich spürte ihre Vorwürfe.

„Wie konntest du überhaupt zum Staatsexamen gehen, nachdem du diese Nachricht erfahren hattest?" fragte sie. In ihren Augen war es unverantwortlich, daß ich weiter im Beruf blieb. Aus ihren Fragen ging hervor, daß sie sich bis dahin kaum mit der Thematik HIV und AIDS auseinandergesetzt hatte. Sie lebte in einer heilen Welt, und diese Bereiche gingen in ihren Augen nur die Randgruppen wie Homosexuelle, Drogenabhängige, Prostituierte und deren Kunden, allenfalls noch die armen Bluterkranken etwas an. Ich brachte wieder einmal Schande in die Familie. Das Kartenhaus der heilen Welt brach zusammen.

Mein Schwager Bertram verhielt sich eher schweigsam und zog sich zunächst still in sein Arbeitszimmer zurück.

„Komm, geh mit mir baden!" bat mich Bianca, die leidenschaftlich gerne mit mir gemeinsam in der Wanne saß und das warme Wasser mit viel Schaum genoß. „Nein. Deine Tante kann heute nicht baden gehen. Sie hat sich erkältet!" beeilte sich Karin zu antworten. „Geh jetzt bitte hoch und räume deine Spielsachen auf!" Mit dieser Aufforderung versuchte sie die Kleine fortzuschicken, damit sie nichts von meiner Krankheit erfahren sollte.

„Du brauchst keine Angst zu haben, wenn ich mit ihr gemeinsam bade. Im Wasser können die Viren nicht überleben. Sie benötigen direkten Kontakt von Körperflüssigkeiten", versuchte ich sie zu beruhigen. „Ich weiß es nicht. Bist du dir da so sicher?" fragte sie verstört. „Ja. Wenn es so wäre, dann müßten ab sofort alle Schwimmbäder und Whirlpools geschlossen werden", erklärte ich ihr, „und außerdem wäre Jamal dann schon längst positiv."

Bertram kam aus seinem Zimmer zurück und setzte sich schweigend zu uns, während Jamal, Karin und ich in ein langwieriges Gespäch über die medizinischen Aspekte von AIDS verwickelt waren. Karin wollte die genauen Details über Ansteckungsrisiken, Therapie und Prognose wissen.

Als Bianca mit dem Aufräumen fertig war und nachfragte, ob sie nicht doch mit mir baden könnte, bekam sie die Erlaubnis. Doch ich wollte Karin nicht beunruhigen und blieb nur am Wannenrand sitzen, unter dem Vorwand, mich erkältet zu haben.

Als wir von unseren Familienbesuch in Deutschland wieder in unseren Pariser Alltag zurückkehrten, bekamen wir viel häufiger Anrufe von Karin, die seitdem ständig in Sorge lebte.

Ich war froh, daß ich mir diese Belastung nicht von Anfang an zugemutet hatte. Alle warnten mich davor, es meiner Mutter zu sagen, insbesondere mein Vater. Er schrieb mir manchmal heimlich Briefe, in denen er mich wiederholt bat, es nie meine Mutter wissen zu lassen.

Über Familie, Freunde, Ärzte und nicht zuletzt die Medien wurden ständig Ängste von außen an mich herangetragen. Doch solch ein Vertrauen in positive Kräfte, wie ich sie in meinem Innern aufgebaut hatte, konnte ich diesen Ängsten der Außenwelt nicht entgegenbringen. Sie beschäftigen mich sehr und wirkten auf mich zerstörerisch und zermürbend.

Ich träume davon, dieses innere Licht, welches ich durch das Loslösen meiner eigenen Angst zu sehen bekam, nach draußen dringen zu lassen, doch ich stehe vor Mauern aus Abwehr und verschlossenen Türen.

Wenn ich mich in der Öffentlichkeit zu meiner Erkrankung bekenne, werde ich nicht nur Angst, sondern auch eine Menge Haß und Schuldzuweisungen auf mich ziehen.

Ebenso werde ich mich den vielen Anklagen stellen müssen, warum ich als Ärztin weiterarbeite.

Ich gehe davon aus, daß die Öffentlichkeit zunächst so mit mir umgehen wird, wie ich mit mir selbst umgegangen bin. Der Unterschied liegt darin, daß es mir gelungen war, in meinem Innern diese negativen Wirkungen umzuwandeln, während ich auf die Reaktionen der Außenwelt keinen Einfluß habe.

Auch die innere Harmonie hilft mir nicht, wenn es mir nicht gelingt, meine Umgebung so zu gestalten, daß sie mich nicht ständig aus dem Gleichgewicht bringt.

Eingehüllt in Schweigen schütze ich mich so vor den diskriminierenden Angriffen der Außenwelt.

Mir wurde deutlich, daß ich meinen Weg als Ärztin nicht ohne weiteres hätte fortsetzen können, wenn ich mich offen zu meiner Infektion bekannt hätte. Ein Arbeitsvertrag erhielt immer erst in Verbindung mit einer zufriedenstellenden betriebsärztlichen Untersuchung Gültigkeit.

Bei jedem Stellenwechsel jagte der Gang zum Betriebsarzt mir großes Herzklopfen ein. Bei der ersten Stelle in Lyon wurde ein Hauttest auf Resistenz gegen Tuberkulose durchgeführt. Ich hatte das Glück, daß der Betriebsarzt vergaß, das Ergebnis abzulesen. Auf sein Nachfragen gab ich an, daß eine Reaktion vorhanden war. Sonst hätte ich mich zwangsläufig einer Impfung unterziehen müssen. Durch meine Immunschwäche wäre diese vorgeschriebene Impfung für mich allerdings gefährlich gewesen. In Paris gab ich an, daß man erst vor einem halben Jahr in Lyon den Tuberkuloseschutz überprüft hätte, und der Betriebsarzt gab sich damit zufrieden. Das Verschweigen meiner HIV-Infektion zog die Konsequenz der Lüge nach sich. Mir fiel es sehr schwer, nicht aufrichtig sagen zu können, warum ich mich nicht gegen Tuberkulose impfen lassen konnte.

Als ich meine nächste Stelle in Freiburg antrat, stellte ich mit Bangen fest, daß im Labor routinemäßig die Größe der roten Blutkörperchen mituntersucht wurde. Durch das AZT war dieser Wert bei mir enorm hoch, was sofort ins Auge sprang. Diese Veränderung trat im allgemeinen bei Alkoholikern oder schweren Blutbildungsstörungen ein.

Lange überlegte ich mir, wie ich mich verhalten sollte. Offiziell war es HIV-Positiven erlaubt, im Bereich der Inneren Medizin zu arbeiten. Dennoch traute ich mich nicht, das Risiko einzugehen und den Betriebsarzt darüber zu informieren. Wieder brachte mich das Schweigen in Konflikt.

Zunächst befragte ich einen Rechtsanwalt, der mich darüber aufklärte, daß ich nicht verpflichtet sei, den Betriebsarzt über meine Infektion aufzuklären. Ich hatte das Recht, darüber zu schweigen, selbst wenn ich gefragt wurde. Ich war auch nicht verpflichtet, anzugeben, daß ich AZT einnahm. Dann suchte ich mir einen Hausarzt, dem ich die Problematik erklärte, und ließ mir von ihm nur die normalen Blutwerte bescheinigen. Beim Betriebsarzt lief alles glatt. Bis auf die Frage nach der Medikamenteneinnehme, geriet ich in keine Verlegenheit.[1]

Ich schluckte weiter mein AZT, wenn auch mehr oder weniger regelmäßig, statt mich in meinem Lebensrhythmus umzustellen. Mein Immunstatus blieb trotz dem unregelmäßigen Lebenswandel konstant. Doch leider zeigen die Laborwerte den Prozeß erst dann an, wenn er schon abgelaufen ist. Ich war in eine unaufhaltsame Maschinerie hineingeraten.

Der Alltag lief nach dem mir selbst durch die Arbeit aufgezwungenen Terminkalender ab und mir entglitt immer mehr die Zeit, die ich für mich benötigte. Ich nahm die Müdigkeit wahr und begann dagegen anzukämpfen. Dieser Kampf trieb mich in eine neue Krankheit.

An einem Wochenende wurde Ersatz für einen kranken Kollegen gesucht. Keiner war bereit einzuspringen. Nur ich konnte wie schon so oft wieder einmal nicht „Nein“ sagen und gab nach.

---

[1] Anm.: Zu dieser Zeit war eine routinemäßige Testung von Krankenhauspersonal nicht vorgeschrieben. Auch gibt der Test nur eine Momentaufnahme wieder und kann dazu führen, daß dadurch eine falsche Sicherheit vorgetäuscht wird.

20. Kniefall

Schon am Samstagmorgen wachte ich mit einem leichten Schmerz in meinem rechten Knie auf, der sich wie aus heiterem Himmel über Nacht eingeschlichen hatte. Ich trug einen Salbenverband auf und stellte das Gelenk mit einer elastischen Binde ruhig. Je länger ich im Krankenhaus unterwegs war, desto intensiver machten sich die Schmerzen im Knie bemerkbar. Ich versuchte das Bein ganz unauffällig zu entlasten. Niemand bemerkte zunächst, daß ich zu hinken begann. Doch dann steigerte sich das Empfinden bis hin zu einem dumpfen brennenden Schmerz, der sich in meine Gedanken zwängte. Ich versuchte, diese Signale zu verdrängen, biß die Zähne aufeinander und bemühte mich, mir eine Arbeit zu suchen, bei der ich sitzen konnte.

Schließlich traf ich eine chirurgische Kollegin auf dem Gang und zeigte ihr mein Knie. Ich hatte mir vor einigen Jahren eine kleine Prellung zugezogen. Seitdem neigte das Gelenk dazu, bei Hitze und Belastung anzuschwellen. Als sie mein Bein untersuchte, war nicht mehr zu leugnen, daß etwas nicht in Ordnung war. Sie bewegte das Gelenk in einer bestimmten Position, und ein stechender Schmerz durchjagte meinen ganzen Körper, so daß ich unwillkürlich aufschrie.

Ich beschloß, mich vertreten zu lassen und begann, nach einem Ersatz zu telefonieren. Noch während ich am Telefon saß, ging der Notfallalarm los. Ein paar Räume weiter hatte ein Patient einen Atemstillstand. Ich sprang vom Stuhl auf und wollte laufen. Wieder der gleiche Schmerz. Tränen stiegen mir in die Augen. Ich hüpfte auf einem Bein über den Gang. Als ich im Zimmer ankam, war der Patient blau angelaufen. Ich mußte um einen Pulk von Ständern und Geräten zum Bettende des Patienten durchsteigen. Mir wurde schwarz vor Augen, als ich dort ankam. Schweißperlen standen mir auf der Stirn. Der Schreck betäubte den Schmerz, der durch die letzten Schritte in meinem Knie entstanden war. Meine Hand zitterte, und ich konnte kaum die Beatmungsmaske halten. Schließlich versuchte ich, den Patienten zu intubieren[1], doch meine Maskenbeatmung hatte ihm kaum den genügenden Sauerstoffvorrat gegeben. Ich versuchte, den Kehlkopf einzustellen, doch wieder wurde mir schwarz vor Augen. Wie blind schob ich den Tubus durch, hörte ab und stellte fest, daß ich fehlintubiert hatte. Seine Lippen waren jetzt noch blauer. Schnell griff ich wieder nach der Maske. Ich konnte nur auf einem Bein stehen, weil ich sonst den Schmerz nicht ertragen hätte. Mein linkes Knie begann zu zittern.

Alles schien mir Ewigkeiten zu dauern. „Kommt der Anästhesist?" fragte ich verzweifelt. Ich wagte keinen zweiten Intubationsversuch, und meine Kraft war fast am Ende. „Ja. Er ist unterwegs", beruhigte mich die Schwester, und in dem Moment sah ich ihn auch schon hinter ihr. Dankbar blickte ich ihn an, und er löste mich ab.

Ich war in Panik geraten, durch meine Unfähigkeit zu laufen. Der Schmerz hatte mir im entscheidenden Moment die Gedanken gelähmt, ich hatte nur noch die blauen Lippen gesehen und zu hastig gehandelt. Der Anästhesist intubierte den Patienten in aller Ruhe und schnell war alles im Griff.

Erleichtert atmete ich auf. Nie hätte ich mir verzeihen können, wenn in dieser Situation durch meine Unfähigkeit ein Patient Schaden erlitten hätte. Ich hatte meinen eigenen Körper verkannnt und unterschätzt, wie gravierend der Vorgang in meinem Knie war. Inzwischen war ich heilfroh, daß ich meinen Chefarzt

---

[1] Intubieren = Einführen eines Schlauches in die Luftröhre zur Beatmung.

angerufen und darum gebeten hatte, daß mich jemand bei der Arbeit ablöst. Ich konnte nicht mehr weiterarbeiten.

Er wollte bis dahin selbst meine Arbeit übernehmen. Als er mein Knie sah, war er sehr besorgt um mich. Keiner wußte so recht, worum es sich bei diesem sehr plötzlich aufgetretenen rätselhaften Erscheinungsbild handelte.

Als ich die Tür der Station hinter mich schloß, begann ich vor Schmerzen zu heulen. Vor meinen Kollegen hatte ich die ganze Zeit über krampfhaft versucht, die Zähne zusammenzubeißen. Vorsichtig schleppte ich mich hinunter zum Ausgang. Jamal wartete draußen auf dem Parkplatz mit dem Auto, um mich abzuholen.

Ich wollte am liebsten alleine sein mit meinem Schmerz. Als ich endlich zu Hause war und das Knie hochlegen konnte, ließ die Qual etwas nach.

Ich spürte nur noch das Bedürfnis nach Ruhe und bat Jamal, mich alleine zu lassen. Als er die Tür hinter sich schloß, merkte ich nur noch das scharfe, stechende Pochen in meinem Knie. Mit jedem Ausatmen wurde es leichter. Ich begann zu meditieren und gewöhnte mich an den Schmerz. Er wurde ein Teil von mir. Meine ganzen Gedanken konzentrierten sich auf das Knie. Ich wollte nicht krank werden, und in meinen Gedanken war dieser Schmerz ein Heilschmerz.

Nach einigen Stunden fühlte ich mich wieder wohl, trotz der Schmerzen. Doch am Abend ging es erst richtig los. In der Nacht nahm ich Aspirin bis an die Grenze der Verträglichkeit, doch es dämpfte nur leicht. Jeden Herzschlag spürte ich als pulsierenden Schmerz in meinem Knie. Die Zeit bis zum Sonnenaufgang schien eine Ewigkeit zu dauern.

Am nächsten Morgen fuhr mich Jamal in unsere Notfallambulanz. Ich erzählte dem Kollegen von der alten Verletzung in meinem Knie und dem gelegentlichen Anschwellen, welches schon vorher bestand, verschwieg aber meine Immunschwäche und HIV.

Auf den Röntgenaufnahmen war kein Defekt am Kniegelenk

erkennbar. Ich erhielt eine Kühlflüssigkeit und versuchte, mich mühsam nach Hause zu bewegen. In der Nacht bekam ich Fieber, trotz Aspirin. Die Schmerzen begannen mich zu zermürben. Es bestand die Möglichkeit, ein anderes Krankenhaus aufzusuchen, in dem mich niemand kannte. So hätte ich an meinem Arbeitsplatz weiter das Versteckspiel treiben können.

Doch das wollte ich nicht. Nun war der Zeitpunkt gekommen, den Schleier des Schweigens vor einigen Menschen zu lüften.

In der letzten Zeit dachte ich öfter darüber nach, mit dem AZT aufzuhören. Ich hatte auch schon mit meinem Hausarzt darüber gesprochen und war auf der Suche nach sinnvollen therapeutischen Alternativen. Mein Hausarzt war ganzheitsmedizinisch orientiert, doch leider verfügte er nur über wenig Erfahrung mit HIV.

In unserem Krankenhaus hingegen gab es eine Infektionsstation, die sich auch um andere therapeutische Ansätze kümmerte und wo nicht zwangsläufig jeder HIV-Patient gleich mit AZT behandelt wurde.

In der letzten Zeit hatte ich die Einnahme von Medikamenten satt gehabt. Ich konnte schon ihren Geruch nicht mehr ertragen. Erst in den letzten Tagen, seit diese Kniegeschichte angefangen hatte, hatte ich wieder begonnen, die Kapseln zu schlukken.

Eigentlich hätte ich mich gerne in der HIV-Ambulanz unseres Krankenhauses behandeln lassen. Hier wurden auch naturheilkundliche und ganzheitsmedizinische Aspekte mit in die Behandlung einbezogen und es bestanden schon einige erfolgreiche Erfahrungen auf diesem Gebiet.

Ich hatte mich mit der Wahl dieses Krankenhauses selbst in Konflikt gebracht, nun war es fatal, daß ich ausgerechnet dort arbeitete, wo ich mich auch gerne behandeln lassen wollte. Ich blickte auf mein entzündetes Knie, mit dem ich nicht weit kommen konnte. Schon allein die Fahrt in die Ambulanz hatte mich enorm angestrengt. Auf keinen Fall wollte ich stationär bleiben.

Doch mein Knie war dick angeschwollen, gerötet und glühend.

Es handelte sich wohl am wahrscheinlichsten um eine Bakercyste[2].

Als ich Fieber bekam, war mir andererseits auch klar, daß ich jetzt Antibiotika als Infusionen benötigte, denn ich hatte schon öfter Patienten mit ähnlichen Krankheitsbildern behandelt und wußte, daß anders nicht genug Wirkstoffe an den Ort des Entzündungsherdes gelangten.

Mein Kollege in der Ambulanz spürte, wie sehr ich mich dagegen sträubte, stationär aufgenommen zu werden. Schließlich schlug er vor, es ohne Infusionen zu versuchen.

„Ich habe schon viele erfolgreich nur mit Tabletten behandelt", beruhigte er mich. Wider meine eigene Erfahrung schenkte ich ihm Glauben. Ich ließ mir stärkere Schmerzmittel und Antibiotikatabletten geben und war fest entschlossen, den Kampf zu Hause durchzustehen.

Doch ich verlor. Die Schmerzen blieben und das Fieber stieg. Das Knie absorbierte alle meine Kräfte.

Noch am selben Abend brach ich auf der Toilette zusammen. Mir war schwarz vor Augen, und meine Sinne schwanden einen Augenblick. Von außen hörte ich eine Stimme. „Rufe in der Ambulanz an." Es klang wie meine eigene Stimme. Dann wachte ich auf und hatte den Telefonhörer in der Hand. Eine Krankenschwester, die ich kannte, sprach mich an. Es rauschte in meinem Kopf. Irgendwie gelang es mir, ihr begreiflich zu machen, daß ich einen Krankenwagen benötigte.

Es war ein eigenartiges Gefühl, als einige Zeit später die Rettungssanitäter bei uns klingelten, um mich abzuholen. Zum erstenmal erfuhr ich, wie holprig es sich in einem Krankenwagen liegt und stellte mir vor, welche Strapaze solch ein Transport für einen Herzinfarktpatienten bedeuten mochte.

---

[2] Bakercyste = entzündliche Schwellung im Bereich der Kniekehle, meist durch Verletzung und/oder Überanspruchung bedingt. Bei einer Abwehrschwäche ist der Verlauf schlimmer.

Als ich im Ambulanzraum des Krankenhauses lag, entschloß ich mich, den Kollegen, der mich betreuen würde, mit ins Vertrauen zu ziehen. In der Chirurgie würde es einfach sein, da es eine andere Abteilung war. Doch in der chirurgischen Abteilung, die mich wegen der anfangs angenommenen traumatischen Ursache zuerst behandelt hatte, war kein Bett mehr frei.

Nach einigem Hin und Her sollte ich auf die Innere Abteilung verlegt werden. Ich ging in Gedanken meine Kollegen durch und stellte fest, daß es mir bei den meisten sehr schwer fallen würde, ihnen von meiner HIV-Infektion zu erzählen, weil ich sie zu wenig kannte.

Schließlich nahm ich mir vor, es zumindest dem Kollegen mitzuteilen, zu dem ich auf Station verlegt wurde. Es hatte wenig Zweck, die Kollegin mit ins Vertrauen zu ziehen, die in dieser Nacht Dienst hatte, weil sie mich sowieso nicht weiterbetreuen würde, es sei denn, ich käme zu ihr auf Station.

Meine Kollegin hatte an jenem Abend ohnehin viel zu tun, so daß ich mich ganz knapp faßte und ihr vorschlug, daß sie mich in dem Moment nicht körperlich zu untersuchen brauchte, worauf sie sich dann auch einließ. Dann wurde sie weggerufen und die Ambulanzschwester bemühte sich darum, ein Bett in einem Einzelzimmer für mich zu finden.

„Heute war eigentlich ein HIV-Patient erwartet und hat plötzlich abgesagt", teilte sie mir mit freudigem Lächeln mit. „Sie haben Glück gehabt, denn sonst hätten wir kein Einzelzimmer gehabt." Mir wurde dabei ganz seltsam zumute. Es war Zufall, denn die Ambulanzschwester konnte von nichts wissen. Niemand im ganzen Krankenhaus hatte je etwas von meiner Infektion erfahren. Sie war ganz arglos darum bemüht, mir ein Einzelzimmer zu beschaffen, und die gab es nun mal häufiger auf der Infektionsstation.

In der Nacht bereitete ich mich innerlich darauf vor, dem Oberarzt die Wahrheit zu sagen. Der Stationsarzt war zur Zeit krank, und das Pflegeteam war in seinem Aufgabenbereich zum Glück nicht direkt gefährdet. Außerdem waren sie auf dieser Station im allgemeinen bewußter im Umgang mit Blut und Körperflüssigkeiten als auf anderen Stationen.

Letztlich war ich froh, schon gleich auf der Infektionsstation gelandet zu sein. Auf diese Weise konnte ich vielleicht einen neuen Therapieansatz für mich finden. Ich wollte weg von AZT.

In jener Nacht sah ich in meinen Fieberträumen viele Bilder, bunte Farben, die unbeschwert tanzten, Dreiecke und Kreise zunächst, dann Kugeln, Pyramiden und Spiralen, die sich verbanden und lösten. Immer wieder nahm ich den Schmerz wahr, der die Bilder bewegte. Mein Körper war glühend heiß. Es war, als würde die Hitze den Schmerz vertreiben und ich spürte plötzlich ein Kribbeln in meinem Knie. Rote heiße Flecken breiteten sich auf meinem Bein aus. Ich wurde halbwach. Halbwach, halbschlafend erfreute ich mich an den Traumbildern, die mich an Malereien von Kandinsky erinnerten.

Am nächsten Morgen war der Schmerz weg. Es war, als würde das Knie nicht mehr zu mir gehören. Meine Angst vor dem Gespräch mit dem Oberarzt war auch weg. Das Knie band mich ans Bett, und ich konnte mich nicht mehr fortbewegen. Ich benötigte eine Krankheit, um den Mut aufzubringen, es ihm mitzuteilen. Erst dadurch wurde ich motiviert, mich ihm gegenüber zu öffnen.

Viele meiner Bekannten und Kollegen kamen vorbei. Doch niemand war darunter, den ich es in diesem Moment hätte wissen lassen wollen. Ständig war ich auf der Hut, um sie davon abzulenken, sich Gedanken über den seltsamen Verlauf der Entzündung zu machen. Eigentlich war mir zum Weinen zumute, doch das hätte weitere Fragen aufgeworfen.

Als ich alleine war, konnte ich nicht mehr gegen die Tränen ankämpfen.

In diesem Moment klopfte es an die Tür. Im Krankenhaus gab es keine Mauern, hinter denen ich einsam weinen konnte. Hier war alles durchlässig. Angespannt hörte ich, wie jemand die Türklinke herunterdrückte. Ich wollte niemanden meine Tränen zeigen.

Es war Jamal. Erleichtert atmete ich auf und freute mich, ihn zu sehen. Er war sehr besorgt, als er mein verheultes Gesicht sah.

Nachdem ich ihm erzählte, was ich mir in der Nacht vorgenommen hatte, war Jamal froh über meinen Entschluß. Er war in den letzten Monaten beunruhigt gewesen, weil ich mich seit der Einstellungsuntersuchung beim Betriebsarzt nicht mehr hatte untersuchen lassen.

Schließlich kam die Visite und Jamal verabschiedete sich. Der Oberarzt Dr. Frey war überrascht, mich als seine Patientin vorzufinden. Schnell einigten wir uns auf eine Behandlung mit Antibiotikainfusionen und er versprach mir, nach der Visite nochmals vorbeizukommen.

Er war in Eile, da er die Station zur Zeit alleine führte. Mein Entschluß begann zu wanken, ob es wirklich der geeignete Zeitpunkt war, ihn ins Vertrauen zu ziehen.

Als er nach der Visite alleine hereinkam, untersuchte er mich nicht weiter, sondern wollte sich über etwas unterhalten.

„Haben Sie sich schon einmal überlegt, auf welcher Station Sie als nächstes arbeiten wollen?“ erkundigte er sich zu meiner Überraschung. Da es üblich war, daß die Assistenzärzte durch die verschiedenen Bereiche rotierten, stand mir bald ein Stationswechsel bevor. „Ich hatte eigentlich als nächstes an die Gastroenterologie gedacht“, antwortete ich ihm zögernd.

„Entschuldigen Sie, daß ich ausgerechnet jetzt darauf komme“, fuhr er fort, „aber ich wollte Sie schon seit einiger Zeit fragen, ob Sie nicht mit mir zusammenarbeiten wollen.“

Sein Angebot brachte mich in große Verlegenheit. Wie sollte ich ihm jetzt sagen, daß ich selbst positiv bin? Er hatte wohl bemerkt, daß ich während meiner Bereitschaftsdienste mit einer HIV-Patientin, die bisher als schwierig galt, in ein intensiveres Gespräch gekommen war und daß ich mich in ihre Problematik gut einfühlen konnte.

Ich war mir sicher, daß er nichts über meinen Zustand wußte. Sein Angebot gab mir die Chance, meinem Ziel, der Betreuung von Positiven näher zu kommen, denn alles, was mit HIV zu tun hatte, konzentrierte sich auf ihn.

Doch mir war es wichtiger, mich von ihm behandeln zu lassen. Unter diesen Umständen konnte ich nicht gleichzeitig mit ihm zusammenarbeiten. So verlockend das Angebot zunächst auch klang, ich lehnte es ab und begründete es damit, daß ich schon dem Gastroenterologen zugesagt hatte, was auch stimmte.

„Überlegen Sie es sich," forderte er mich nochmals auf.

Nachdem Dr. Frey aus dem Zimmer war, rotierte es in meinem Kopf. Ich bekam einen neuen Anfall von Schüttelfrost. Die Schmerzen in meinem Knie tobten. Doch ich wußte, sie hatten ihren Sinn. Sie gehörten zu mir, waren meine eigene, einsame Erfahrung, die ich mit niemanden teilen konnte. Jener Tanz der Farben im Fiebertraum, er war für die anderen unsichtbar. Ich fühlte mich wie in einem Nebel, der mich schützend umhüllte.

Die Krankheit gab mir Ruhe, an einem Ort zu bleiben und zu regenerieren. Ich war unfähig zu gehen und gezwungen, mein rechtes Bein ruhig und hoch zu halten. Ich befand mich buchstäblich mit einem Bein in der Schwebe. Durch die Krankheit war ich gezwungen, mich mit meiner Zukunft auseinanderzusetzen. So konnte ich nicht mehr weiter herumlaufen. So konnte es nicht mehr weitergehen. Ich hatte mich überlastet, und mein Knie konnte das nicht tragen. Ich durfte mich nicht weiter so belasten. Mein Körper gab mir das Signal, daß es höchste Zeit war, zu reagieren.

Still duldete ich die Schmerzen. Viele, die mich besuchten, wunderten sich, daß es mir trotz des hohen Fiebers so gut ging. Ich war dankbar geworden für jene Klarheit, die sich hinter dem Nebel verbarg. Am nächsten Tag würde ich Dr. Frey absagen, mit ihm zusammenzuarbeiten und ihm gestehen, daß ich selbst seine Hilfe brauchte.

Während der Visite bat ich ihn um ein Gespräch. Als er am Abend endlich die Zeit dazu fand, fühlte ich mich ruhig und sicher.

„Es gibt da etwas, was ich Ihnen sagen möchte. Doch ich weiß, daß ich Sie damit in Konflikt bringen werde, denn wenn ich Ihnen dieses mitteile, möchte ich Sie um Ihr Schweigen bitten, und das wird Sie in Schwierigkeiten bringen“, warnte ich ihn und ahnte schon, daß er sich nicht davon abhalten lassen würde.

Er nahm sich einen Stuhl und setzte sich zu mir. Ich wußte, daß ich ihm jetzt eine große Last aufbürdete, aber er war bereit.

Aufmerksam und still hörte er zu. Ich vertraute ihm alles an, auch das Versteckspiel und meine fehlende Kraft, offen im Krankenhaus darüber zu sprechen. Wir führten ein langes Gespräch. Er hatte häufig Patienten in ähnlichen Situationen begleitet. Vieles war ihm vertraut. Er schlug mir vor, mit AZT aufzuhören.

Ich hatte in ihm jemanden gefunden, der den Weg einer alternativen Behandlungsform mit mir zu gehen bereit war und der damit auch schon Erfahrungen gesammelt hatte. Doch der Konflikt blieb, daß wir als Ärzte Kollegen in einer Abteilung waren. Für mich war es möglich, diese beiden Bereiche zu trennen, doch wie würde er damit umgehen? Wir schwiegen eine Weile. Während ich mich durch diese Offenheit erleichtert fühlte, hatte ich ihn belastet.

„Möchten Sie sich nicht doch noch einmal überlegen, ob Sie nicht hier auf der Station arbeiten wollen?“ fragte er mich ganz unvermittelt. „Ich kann mir vorstellen, daß Ihre Erfahrungen hier besonders wertvoll sind.“

Mit mir zusammenzuarbeiten würde die Situation für ihn noch verschärfen. Diesmal war ich allerdings nicht mehr im Zweifel, ob ich mit ihm zusammenarbeiten konnte.

Am nächsten Morgen brachte mir Klaus, ein Krankenpfleger, der mich betreute, ein kleines Buch mit, welches den Ausweg in das Königreich der Krankheit beschrieb. Ich lächelte und hatte den Eindruck, daß er zu ahnen begann, was hinter dieser Entzündung steckte.

Schon am ersten Tag hatte er mehrmals am Tag meinen Blutzucker kontrolliert. „Wieso bist du so neugierig auf meinen Blutzucker? Er war doch ganz normal", hatte ich ihn gefragt. „Man kann ja nie wissen", meinte er. Vielleicht steckt eine Abwehrschwäche durch einen Diabetes dahinter", bemerkte er. Ich zuckte nur mit den Schultern, doch ich merkte, daß er sich intensiv mit meinem Krankheitsbild beschäftigt hatte.

Gleich im ersten Augenblick hatte er mich an jenen Kollegen aus der Psychosomatik erinnert, der damals erraten hatte, was mit mir los war.

Klaus machte sich Gedanken um die Ursache meiner Erkrankung und konnte auf diese Weise durch seine Fragen auch noch andere auf die Spur bringen.

Das war der äußere Anlaß, der mich dazu bewegte, mit ihm reden zu wollen. Gleichzeitig hatte ich das Bedürfnis, mich offen mit ihm zu unterhalten. Am Nachmittag fragte ich Jamal, ob er damit einverstanden sei, wenn ich ihn mit ins Vertrauen einbeziehen würde. Es widerstrebte ihm, doch er stellte sich nicht dagegen.

Klaus' Verhalten mir gegenüber änderte sich nicht, als er alles erfuhr. Ich fühlte mich von ihm verstanden. Auch Klaus hatte schon viel Erfahrung im Umgang mit HIV-Positiven. Ich genoß seine lockere, offene Art, mit mir umzugehen. Ich fühlte mich regelrecht wohl im Krankenhaus. Durch die Infusionen verschwand das Fieber schnell und ich konnte rasch nach Hause.

Dort allerdings fühlte ich mich zunächst wie plattgeschlagen. Es war Sommer und ich fror.

Trotz meines, den T4-Helferzellen nach, guten Immunstatus war ich in diesen Zustand geraten. Ich hatte während dieser Tage meine Tabletten, einschließlich AZT, sorgfältig eingenommen und bemerkt, daß mir dabei mein eigener Körper von Tag zu Tag fremder wurde. Er nahm den fremden Geruch der Antibiotika an. Die Haut war rauh und gefühllos geworden. Die Venen waren brüchig und brannten von den vielen kleinen Entzündungen.

Durch die Erkrankung waren meine Abwehrzellen mittlerweile weiter abgefallen. Entgegen dem Rat und den Regeln der Schulmedizin setzte ich die Antibiotika ab und begann zu meditieren. Ich spürte, daß in mir selbst die Energie steckte, diese Schwäche zu überwinden. Ich hörte auf, sie zu bekämpfen und nahm mir lange Zeit. Bewußt erlebte ich den Prozeß der Heilung und war dankbar für meine Krankheit. AZT war unnötig geworden.

Entscheidend ermutigt zu diesem Schritt hatte mich auch Dr. Frey, der ebenfalls AZT und den neuen angeblichen Wundermitteln gegenüber skeptisch war.

Es dauerte einige Wochen, bis ich wieder mit beiden Beinen auf dem Boden stand und arbeitsfähig war. Inzwischen hatte sich an meiner Gangart einiges geändert. Ich war langsamer und bedächtiger geworden. Außerdem funktionierte ich im Getriebe des Krankenhauses nicht mehr so gut, denn ich ließ mich nicht mehr so leicht in den chaotischen Terminplan einzwängen.

Natürlich kam mir deshalb von meinen Kollegen viel Widerstand entgegen, denn sie waren es gewohnt, daß ich mich leicht überreden ließ, die übriggebliebenen Termine in der Arbeitsplanung zu übernehmen. Doch ich setzte neue Grenzen. Wenn ich müde war, zog ich mich zurück. Ich kämpfte nicht mehr gegen die Schwäche, sondern ließ sie zu und wurde dadurch stärker.

Oft fühlte ich mich verletzt und unverstanden durch die bissigen Bemerkungen der Kollegen, wenn ich signalisierte, daß ich nicht arbeiten konnte, daß es mir zu viel war, daß ich müde war. Doch ich mochte ihnen gegenüber nicht preisgeben, daß ich HIV-positiv bin, bloß um Verständnis zu heischen. Lieber zog ich den Groll auf mich und ließ mich als Drückebergerin bezeichnen.

Auf diese Weise gewann ich neue Kraft. Selbst meine Laborwerte bestätigten die Verbesserung meines Immunsystems. Jamal und ich traten einen langen Urlaub an und flogen nach Brasilien.

21. Scheinbare Selbstaufgabe

Wir hatten diese Reise schon lange vorgehabt. Fast hätten wir sie verschoben, weil mein Vater kurz davor mit Herzrhythmusstörungen ins Krankenhaus eingeliefert worden war. Doch er hatte sich rasch erholt und war inzwischen wieder zu Hause, so daß ich keine Bedenken hatte, länger fortzubleiben.

Seit meiner eigenen Knieentzündung hatte Jamal ständig Angst, ich könnte auf der Reises krank werden. Dennoch ließ er sich auf den Urlaub ein, allerdings mit einem unguten Gefühl. „Wenn wir fliegen, dann auf deine Verantwortung", meinte Jamal.

Unterwegs begegneten wir häufig Touristen, die krank geworden waren. Es ging soweit, daß ich einen anderen Beruf bei der Eintragung in die Hotelregister angab, denn wenn an der Rezeption jemand erfuhr, daß ich Ärztin war, schickten sie häufig Hotelgäste zu mir, wenn nach einem Doktor gefragt wurde. Je mehr Jamal sah, was man sich auf Reisen alles an Krankheiten zuziehen konnte, desto ängstlicher wurde er. So waren inzwischen die meisten Medikamente aus unserer Reiseapotheke verteilt, doch wir selbst hatten nie etwas benötigt.

Fast am Ende unserer Reise landeten wir in einem kleinen verdreckten Nest in den Bergen. Wir kamen im Dunkeln an, müde und hungrig. Irgendwie hatten wir an jenem Abend keine Lust, lange nach einem guten Lokal zu suchen. Wir waren bisher meistens sehr sorgfältig bei der Auswahl von Hotels und Restaurants gewesen, was auch oft sehr zeitaufwendig war.

Aber zu so später Stunde blieb uns beiden keine große Auswahl mehr. Wir landeten in einem kleinen Dachgartenlokal mit spärlicher Beleuchtung. Jamal warnte mich schon gleich aufzupassen.

„Mit dir kann ich nicht mehr richtig reisen. Ich lebe in der ständigen Angst, daß du krank wirst", sagte er.

Ich fühlte mich von ihm erniedrigt, doch damit stachelte er meinen Trotz an. Obwohl das Essen suspekt war und ich fortwährend Steine und Dreck aus meinem Gericht aussortierte, wagte ich, den Joghurt zu essen. Am nächsten Morgen hatte ich Bauchkrämpfe und bekam fürchterliche wäßrige Durchfälle.

Nun wurden Jamals Vorwürfe erst recht vehement. Er konnte sich nicht von den allgemeinen Empfehlungen lösen, die er in den Aufklärungsbroschüren vom Gesundheitsamt gelesen hatte. „Positive sollten Tropenreisen meiden."

Mir ging es so dreckig, daß Jamals Worte abprallten. Alle halbe Stunde mußte ich mich zur Toilette schleppen. Meine Zunge wurde trocken und der Puls raste. Mühsam trichterte ich die verlorene Menge Flüssigkeit in Form von Wasser mit Rehydratationssalz wieder ein. Ich durfte einfach nicht krank sein. Erst recht nicht hier, in diesem abgelegenen Nest in Brasilien und noch dazu durch meine eigene Dummheit und Unvorsicht.

Der Satz „Morgen ist alles vorbei" wurde zu einem Mantra für mich. Immer wieder malte ich mir in Gedanken aus, daß diese Durchfälle von selbst wieder verschwinden und ich gesund aufwachen würde.

Während ich in der Nacht alle halbe Stunde hinausgehen mußte, spürte ich in der Morgendämmerung um fünf Uhr eine plötzliche Stille in meinem Bauch. Ich fastete noch einen weiteren Tag und fühlte mich danach wie nach einer freiwilligen Darmreinigung.

Die anschließenden Naturerlebnisse auf unseren Wanderungen wurden für mich noch viel intensiver und wertvoller. Vielleicht waren dies unsere letzten gemeinsamen Tage in den Tropen, denn Jamal kündigte mir an, daß er sich in Zukunft nie mehr mit mir auf solche Reisen einlassen würde.

Ich genoß die unwiederbringlichen Augenblicke. Vielleicht hatte ich fortan nicht mehr diese Möglichkeiten. Dann konnte ich nur noch in Gedanken reisen.

Während wir im Flugzeug nach Deutschland saßen, dachte ich mit Schrecken daran, daß ich im kommenden Monat im Schichtdienst in der Notaufnahmestation arbeiten sollte. Als ich vor meinem Urlaub gefragt wurde, ob ich dazu bereit sei, hatte ich zunächst abgelehnt. Doch ich mochte die Mitarbeiter in diesem Bereich und wollte sie nicht einfach im Stich lassen. Ich hatte mich dadurch überreden lassen. Ich wußte, daß der Schichtdienst meiner Gesundheit nicht guttat. Doch das hatte ich mißachtet, bloß um anderen einen Gefallen zu tun. Ich ließ mich zu einem weiteren Monat in der Notaufnahme überreden und tröstete mich damit, daß mir der Abschied von dem gewohnten Team schwerfiel.

Ich saß im Flugzeug und ärgerte mich über meine Gefallsucht und meine scheinbare Selbstaufgabe. Ich wollte eigentlich nicht noch einen Monat im Schichtdienst arbeiten und hatte mich schon auf meine neue Arbeit auf der Infektionsstation gefreut. Als mein Chef mich vor dem Urlaub gebeten hatte, länger in seiner Abteilung zu bleiben, konnte ich nicht ablehnen. „Ich brauche dich", sagte er zu mir und mit diesen Worten hatte er mich in der Hand.

Wieder war ich in den alten Mechanismus verfallen, der mich damals buchstäblich auf die Knie gezwungen hatte. Im nachhinein ärgerte ich mich über mich selbst.

Am Tag unserer Ankunft in Deutschland wehte kalter Wind. Wehmut lag über meinem Herzen, als wir zu Hause den konservierten Klängen der brasilianischen Musik lauschten. Wir hatten einige Kassetten mitgebracht.

Gerne hätte ich spontan meine Eltern besucht, denn ich hatte sie vermißt. Doch anders als in Brasilien war es ohne vorherige Ankündigung in unserer Familie nicht üblich, einfach jemanden zu besuchen.

Als ich abends anrief, erfuhr ich von meiner Mutter, daß mein Vater im Krankenhaus lag. Er hatte eine Venenthrombose gehabt. Es hatte zwar keine Komplikationen gegeben und er sollte in dieser Woche entlassen werden, doch wollte er zu diesem Zeitpunkt lieber einfach seine Ruhe, und wir wären unwillkommen gewesen. Sie war vollkommen verängstigt und konnte nur schlecht mit der Tatsache umgehen, daß mein Vater krank war.

Als ich mit meiner Schwester Karin telefonieren wollte, war mein Schwager am Telefon. Über ihn erfuhr ich, daß Karin sehr erbost war, daß wir nicht aus Brasilien angerufen hatten. Für sie war es unvorstellbar, daß wir sechs Wochen wegblieben und kein einziges Mal angerufen hatten. Während unserer Reise hatten wir mehrmals an unsere Familie geschrieben. Ich selbst telefonierte nur äußerst ungern. Zu Hause kostete es mich manchmal eine große Überwindung, den Telefonhörer abzunehmen, wenn ich gerade mit etwas beschäftigt war.

Am Telefon konnte ich mich auch nur schwer mitteilen, weil ich meinem Gesprächspartner nicht begegnen konnte und nur seine durch die Leitung veränderte Stimme wahrnahm. Wenn ich jemand etwas Wichtiges übermitteln wollte, dann schrieb ich meistens einen Brief oder versuchte, ihn direkt zu treffen.

Ich hatte es genossen, während unserer Reise aufs Telefonieren zu verzichten. Im beruflichen Alltag war ich ständig über meinen Funk zu erreichen. Manchmal spannte es mich regelrecht auf die Folter, immer auf Abruf bereit zu sein.

Während unserer Reise durch Brasilien fühlte ich mich frei von Funk und Telefon. Ungestört genoß ich die Verbundenheit mit der Natur. In Gedanken hatte ich mich hingegen eng mit meiner Familie verbunden gefühlt und viel über sie nachgedacht.

Doch für Karin zählte die sofortige Erreichbarkeit über das Telefon. Ich war froh, daß sie in diesem Moment gerade in der Badewanne war und ich nicht mit ihr selbst sprechen brauchte.

Auch als ich bei Claudia anrief, war sie nicht erreichbar und ich bekam meinen Schwager Jörg an die Leitung. Auch er warnte mich vor der Mißstimmung in der Familie, daß ich nicht auf Abruf bereit gewesen war, während sich meine Schwestern panisch um die Gesundheit meines Vaters gesorgt hatten. In einem Augenblick, wo sie mich brauchten, war ich für sie nicht da.

Mußte ich denn jederzeit bereit sein, wenn mich jemand brauchte? Ich fühlte mich unverstanden von meiner Familie und spürte eine seltsame Hitze in mir aufsteigen, als ich den Telefonhörer auflegte.

Jamal und ich waren beide sehr müde, was wir zunächst auf die Strapazen der Reise zurückführten.

Noch in der gleichen Nacht bekam ich hohes Fieber und Schüttelfrost. Die zuerst überstanden geglaubte Infektion war zum Ausbruch gekommen.

Erst wollte ich es nicht wahrhaben, doch das Fieber hielt an und ich bekam wieder einen schweren Infekt. Diesmal war es eine Hepatitis, die zunächst stumm verlaufen war und jetzt erst zum Vorschein kam.

Ich ärgerte mich über mich selbst, daß ich schon wieder lange krank war und bei der Arbeit ausfiel. Das schlechte Gewissen plagte mich, funktionsuntüchtig und nutzlos zu sein. Insbesondere allerdings, weil es mein geheimer Wunsch war, nicht mehr weiter im Schichtdienst arbeiten zu müssen.

Mein Körper war weiser und ich wurde erst wieder gesund, als ich die neue Arbeitsstelle antreten sollte. Die Krankheit zwang mich zur Passivität und Ruhe.

Ich konnte die Funktionen, die von mir erwartet wurden, nicht erfüllen. Dafür ging ich während dieser Zeit einen anderen Weg und begann, dieses Buch zu schreiben.

Ich bin mir bewußt, daß manche Menschen, die mir begegnet sind, mich hierdurch erkennen können. Mir droht die Gefahr, daß mich die Menschen, die Angst vor AIDS haben, bekämpfen. Ich habe Angst, meinen Namen zu nennen.

Anonym und leise beginne ich, offen zu erzählen. Ich mache mich verletzlich, doch ich gebe mich dem hin. Ich vertraue einfach darauf, daß ich getragen werde von den Menschen, denen gegenüber ich hiermit einsichtig werde. Viele von ihnen sind im medizinischen Bereich tätig und unterliegen der Schweigepflicht, an die ich hiermit appelliere.

Ich bin meinem Ziel näher gerückt und beginne andere Positive zu begleiten. Medizin und Kunst finden wieder ihre Verbindung, und ich brauche zur Zeit keine Krankheit, um künstlerisch tätig zu werden. Das Heilen in mir und die Liebe zur Heilkunst führen zu einem kreativen Strom.

Ich bin eine positive Ärztin und positiv zu sein, gibt mir die Impulse, neue Wege zu gehen. Die körpereigene Abwehrschwäche und ihre Symptome sind keine Krankheit an sich. Die Kunst wird es sein, den Kampf um die Macht aufzugeben und unsere Schwäche anzunehmen. Es ist kein Zufall, daß diese heilsamen Krankheitsprozeße gerade jetzt auftreten, und ich sehe mich als einen kleinen Teil dieses Prozeßes, von dem die Menschheit betroffen ist. Große Kongresse und weltweite Bemühungen, die AIDS den Kampf ansagen, sind bisher machtlos gewesen. Vielleicht brauche nicht nur ich als Ärztin diese Krankheit, um an der Erkenntnis der eigenen Schwäche zu wachsen.

HIV läßt sich auch ganz anders buchstabieren: „Herausforderung Interindividuellen Verstehens". Wir kommen mit unserem bisherigen wissenschaftlichen Verständnis nicht gegen HIV an. Positiv sich der Herausforderung zu stellen ist eine unerschöpfliche Quelle, eine verschlüsselte Botschaft. Welche geheimnisvolle Schrift steckt hinter dem Drama, welches sich auf der Bühne der Natur vor unseren unwissenden Augen abspielt?

HIV, Hören Innerer Variationen. Krankheit und Gesundheit sind Naturereignisse, die sich in unserem Körper abspielen. Die Natur komponiert in Harmonien.

Hier stehe ich jetzt und dieses Buch ist die Einstimmung. In meinen Träumen erklingt sanft ein Liebeslied an das Leben mit HIV.

Vielleicht singt morgen ein Chor.

Nachwort

Während mir klar wurde, daß ich Medizin studieren wollte, fiel mir damals ein Gedicht von Goethe in die Hände:

Selige Sehnsucht

Sagt es niemand, nur den Weisen,
Weil die Menge gleich verhöhnet,
Das Lebendige will ich preisen,
Das nach Flammentod sich sehnet.

In der Liebesnächte Kühlung,
Die dich zeugte, wo du zeugtest,
Überfällt dich fremde Fühlung
Wenn die stille Kerze leuchtet.

Nicht mehr bleibst du umfangen
In der Finsternis Beschattung
Und dich reißet neu Verlangen
Auf zu höherer Begattung.

Keine Ferne macht dich schwierig
Kommst geflogen und gebannt,
Und zuletzt, des Lichts begierig,
Bist du Schmetterling verbrannt.

Und so lang du das nicht hast,
Dieses: Stirb und werde!
Bist du nur ein trüber Gast
Auf der dunklen Erde.

Inzwischen als HIV-Positive Ärztin gewann das Gedicht für mich neue Dimensionen.

„Sagt es niemand, nur den Weisen", möchte ich diejenigen bitten, die mich durch dieses Buch erkennen.

Ich möchte als stille Kerze auf der Erde lebendig sein.

Es gibt kein lebendiges Sein ohne Sterben und Werden. Laßt mich nicht zum trüben Gast werden.

Die finstere Beschattung durch das Virus brachte Licht in mein Leben.

Laßt mich das Leben lieben und frei von tödlicher Angst atmen.

Beschattet mich nicht mit Worten wie AIDS-Ärztin.

Ich suche einen Weg aus der Krankheit.

Die Krankheit AIDS heißt für mich: Angst ißt die Seele.

Bedingungslose Liebe ist die Heilung.

Wer mich haßt, weil ich eine HIV-positive Ärztin bin, gegen dessen Haß kann ich mich nicht wehren.

Meine Abwehr ist geschwächt, und ich brauche den Schutz des Schweigens.

Brennpunkte des Lebens

Stephan H. Pfürtner
Fundamentalismus
Die Flucht ins Radikale
Band 4031

Eine glänzende Analyse – von den Fußball-Hooligans bis zum religiösen Fanatismus.

Koni Nordmann/Heiko Sobel
Ich kann nicht mehr leben wie ihr Negativen
AIDS-Zeit
Band 4082

Hier erhält Aids ein Gesicht, Tragödien bekommen einen Namen. Ein Buch gegen die Verdrängung, das man nicht so schnell vergißt: sensibel, aber nicht sentimental.

Thea Bauriedl
Wege aus der Gewalt
Analyse von Beziehungen
Band 4129

„Es genügt nicht mehr, sich in der eigenen Gruppierung wohlzufühlen, weil man weiß, daß die Schläger und Brandschatzer die anderen sind. Es geht darum, mit den anderen Kontakt aufzunehmen"
(Thea Bauriedl in: Psychologie heute).

Tom McLean
Die schwindende Zeit
Leben mit Aids
Band 4157

Aufrüttelnd und ermutigend: Keine Geschichte über das Sterben, sondern die Geschichte eines unbändigen Lebenswillens trotz des tödlichen Virus.

Richard Schröder
Deutschland schwierig Vaterland
Für eine neue politische Kultur
Band 4160

„Für alle, die sich mit den Schwierigkeiten der deutschen Einheit und der Teilung sorgen, sollte das Buch Pflichtlektüre sein" (Der Spiegel).

HERDER / SPEKTRUM

Thomas Brey
Die Logik des Wahnsinns
Jugoslawien – von Tätern und Opfern
Band 4230

Wie ist mitten in Europa diese fanatische, menschenverachtende Gewalt möglich? Wer versteht überhaupt noch, was im ehemaligen Jugoslawien vor sich geht? Der Wahnsinn und das Sterben auf dem Balkan haben eine Vorgeschichte. Der Bürgerkrieg wurde von langer Hand vorbereitet. Spannend und anschaulich deckt Thomas Brey, Jounalist, die verdeckten Spielregeln und Hintergründe dieses Dramas ohne Ende auf.

Anetta Kahane/Elini Torossi
Begegnungen, die Hoffnung machen
Grenzen gegenüber Ausländern überwinden – Ideen und Initiativen
Band 4236

Vielfalt statt Einfalt: Integration ist möglich, der Austausch zwischen den Kulturen schafft Nähe und Offenheit. Geschichten von verschiedenen Modellen, Beispiele und Anregungen aus der Praxis.

Henner Hess
Mafia
Ursprung, Macht und Mythos

Das Basiswerk über Struktur und Hintergründe der sizilianischen Mafia.

Ernst Sieber
Menschenware – wahre Menschen
Die umwerfenden Geschichten des Obdachlosenpfarrers von Zürich
Band 4252

Ihr Spruch: „Haste mal 'ne Mark für mich." Ihre Persönlichkeit: Fehlanzeige? Von wegen. Energisch und humorvoll schildert Ernst Sieber die Welt der Penner und Clochards, erzählt er vom Geheimnis dieser wahren Individualisten.

HERDER / SPEKTRUM